仏教について

西谷啓治

法蔵館文庫

本書は一九八二年十一月二十日に「法蔵選書」の
一冊として刊行された。

目次

仏教について

仏教についておもうこと

教団の内と外

一

仏教というものについての感想といいますと、きっかけになるのは、一方では現代における仏教の状態ということであります。それからもう一つは、それと結びついていますが、私自身のやってきている事柄——と申しますのは、だいたい私は哲学というような畑のものですから、広い意味で思想というようなことに関係して、いろいろな感想をもつということであります。その両方、つまり現在の状況というものと思想というようなものとが、やはりどこかで結びついていろいろな感想をひきおこしてくる、というような感じがしますので、そういう両面からお話ししてみたいと思います。現在の仏教の状態ということに関しては、実は私があらためて何か新しいことを言うというようなことでもないので、いろいろな人が、あるいは皆さん自身が私以上にいろいろな問題を感じておられるということがあるのだと思います。しかし、私なりに感じていること、それを一応話の順序としてまずお話ししたいと思います。

こまかな問題はいろいろあると思いますし、そして仏教といってもいろいろな宗門があって、それぞれ特殊な事情があり問題があると思いますが、そういうことでなくて、もう少し一般的にひっくるめて仏教の現状ということを問題にして考えると、いうまでもなく一ばん根本の問題は、一般の社会の人びと（宗門の人というのに対して一般人といってもいいかもしれません）と宗門の人、したがってまたいろいろな宗門が代表しているような仏教と一般の社会、その間に非常に大きなギャップがあるということです。これはいろいろなかたちでたえず問題になっていることだと思います。実は仏教にかぎらず、現代という時代からいうと、他の宗教でもみな同じだと思います。日本の場合だと神道というものもあるし、キリスト教も日本に入っています。キリスト教は西洋のものでありますが、その西洋でも同じような問題をかかえているのではないかと思います。

現代の状況からいいますと、日本の人びと、とくにある程度宗教に関心をもつとか、あるいは宗教的要求をもつとかいう場合には、たとえば、キリスト教の『バイブル』を読む、あるいは『歎異抄』を読む（『教行信証』というようなことになると非常に難しくなりますが）、あるいは道元の『正法眼蔵』（これも非常に難しいのですが、『随聞記』とかいろいろ読みやすいものもあります)、そういうものを読む人の数は非常に多いと思います。しかし、そういう人が『バイブル』を読んで非常に感激したり、あるいは『歎異抄』を読んでひきつけられたりしたからといって、ではキリスト教徒になったり、仏教徒になったり、あるいは真宗の門徒になるかというと必ずしもそうではない。むしろならない人のほうが非常に多い。大部分はならないということです。

つまり一般社会の人びとというのは、仏教の教えとかキリスト教の教えとか、あるいは親鸞、道元、あるいはイエスとか、そういう仏教者あるいはキリスト者というような人間、そういう宗教の中での人間の生きかたというものから、非常に教えられもするし、考えさせられもするし、うたれもするということがあるわけですが、そうかといって今できている個々の教団とか宗派というところまではとどいていないし、そういうことを問題にしないというふうな、そういう状況があるわけです。よく言われるように、日本の場合だと教団というものは家というものを基盤にして成り立ってきている。徳川時代からとくにそうなってきているわけでありましょう。そしていわば社会慣習といわれる法事であるとか葬式であるとかいうものの世界で、多くの場合うごいているということになっていて、個々の個人の宗教的な自覚というものと結びついていない。個々の人間というものをとらえていない。そして、社会慣習というものを一歩超えた、なにか宗教的要求、現在の人間にうごいている宗教的な要求というものに応えるようなルートができていないということと結びついている。これはよく言われることですが、そのとおりであると思います。そこのところに、いろいろ大きな問題が集約的にあらわれているのではないかというような感じがいたします。

二

これはしかし非常にむつかしい問題だと思うのです。一ばん根本の問題は、しかし、どういったらよいでしょうか、つまり、本来宗教というものを担っているはずの教団の人びとの姿勢——といっていいかどうかわかりませんけれども——それから一般社会の人びとがとっている姿勢というものとの間に、何か大きなズレがあるのではないか。姿勢ということばも曖昧ですが、どういっていいか、私はむしろ生きる生き方というふうなこと、英語でいうとWay of livingというようなこと、生きる道あるいは生き方——生き方というのは、つまりわれわれが生きているというときの、その生きているかたちということですから、方向といってもいい。日本語の「かた」というのは、方向という意味もありますね。「いずかたへ」というときは方向です。同時に「かたち」という意味もあって、そういうかたちと方向とが一つに結びついているような概念だと思いますね。そういう意味で生きかたといってもいいかもしれません。

かたちといいますと、あまりに固定したようなものになるものですから、近頃はパターン、生きるということのパターンであるとか、あるいは構造 structure とか――生きるということが何か一つの根本的なかたちをもっている。かたちといっても「かた」ですけれども、たえず方向を含んでいて、動いていく。単に固定したものではないけれども、ある一定した構造、かたちをもっている、そういうことが言えるわけです。そういうのを姿勢といったつもりですが、そこら辺が教団人の場合と一般の人の場合と非常にちがうということだと思います。簡単にいうと、教団に属している人びとは、やはりものを考えたり見たり、あるいは何かを行なうという場合でも、教団に属しているという意識がどうしても基礎になっている。これはある意味では当然なのですけれども、そのような意識が基礎になっていて、そして教団の中から、内部からすべてものを見ている。そういうところがどうもあると思うのですね。そこに問題が一つあるのではないか。

教団の中にいるという立場からいえば、たとえばいろいろな儀式が行なわれる。それからそれぞれの宗教の根本の立場というものがある。禅宗なら禅宗、真宗なら真宗で立場がある。宗教の一般的なことばでいいますと信仰箇条、信条というようなことばで呼んでいますが、その宗派固有の、そしてその宗派が他の宗派とちがう根本の教え、それをあらわしているのが、ふつう信条（ドグマ）ということばで呼ばれています。どの宗派でもそういうものがあるのだと思います。したがって、それについていろいろなお経というものがある。キリスト教だと『バイブル』がそうでありますが、仏教の場合でもそれぞれの宗派によって所依の経典というものがあるわけですね。従って、その経典を基礎にした教学というものがあります。そしてその教学というものをもった全体としての教団――そこにはいろいろな儀式であるとか信条をもっている――が成り立っている。このようなものは、教団の一ばん大事なものだといっていいですね。儀式といっても、これはやはり人間のいろいろな営み、行ないの一ばん究極的な、一ばん根本的なことをあらわしているというふうなことですね。たとえば神の前とか仏の前、神に対して仏に対して人間がとりうる一ばん根本的な行ないの仕方というふうなことです。キリスト教ですと祈るとか、いろいろな礼拝というようなことです。仏教でも宗派によってさまざまにちがうと思います。お念仏ということにもお念仏のいろいろな行事というものがあると思いますし、真言宗なら真言宗でいろいろな行事というものがある。広い意味での宗教的な儀式――仏に面して人間がとるいろいろな行ないの一ばん基本的なかた、そういうものは、ですから、宗教という立場からいえば非常に大事な、根本的なものといっていいと思います。

その他、信条といったり教学といったりするものでも、やはり人間がものを見るというときに、どういう立場で見るかという、知るとか見るとかいう立場での一ばん根本的なかた、それをふまえて成り立っているということですね。つまり、いずれも宗教的な立場からいったら、非常に重要なことであるわけで、したがってそれぞれの教団はそれぞれの立場から、そういうものを非常に大事にするということは当然のことだといってよいと思います。

しかし、それはそうですが、同時に一般の人びとからいうと、それが非常にちがっているわけです。教団というものに対してあまり関心をもたないというのは、いいかえると、そういう教団内に行なわれるいろいろな宗教的行事——仏前で行なわれるいろいろな行事、あるいは教会の神の前で行なわれるいろいろな行事——また教学とか、そういうことにあまり関心をもたないということです。いいかえると、宗教という立場からいって、宗教としての一ばん根本のところから出ていて、根本のところから成立しているような儀式、行ないかた、宗教的な行ないのかたち、あるいは知識のかたち、教学というものが、かえって一ばん縁遠くなっているというような、そういう大きな矛盾があるのではないかと思います。

つまり、『バイブル』や『教行信証』やそういうものは非常によろこんで読むし、感銘をうける。しかし、それが儀式であるとか教学であるとかということになると、ぜんぜん反応がないというか、むしろどちらかといえば反撥するというような場合が一般にあるのではないかと思います。そこに、現在の状況としては根本の問題があらわれているわけであります。もともと行事であるとか教学であるとかいうものは、人間の根本的な生き方、生きる仕方というものが問題になって、そしてそこにいろいろな疑問が生じ、それについていろいろな解決の道を求め、そして何か答えが得られるというふうな——疑い、求め、答えるという、そういうふうな、宗教的な要求の立場を源にして、そこからだんだん展開してきたはずのものであるわけです。それが現在の一般の人びと、とくに疑いをもったり、道を求めたりしている人びとに対して、かえって縁遠いものになっている、場合によっては反撥を感じさせるものになっている。問題は、だからそういうことがどこから起こってきているかということだと思います。

三

いうまでもないことですが、いまいったような行事とか教学とかいうもの、それは歴史的伝統的に展開され、それぞれの教団をいままで支えてきた。それをもう一ぺん源へかえしていく。源というものは、いま言いましたように、何か人間のもっている宗教的要求の根ざしているところ、そこから展開されてきているところのその根もとですね。そしてそれが一つの生き方としてあたえられている。その生きかたのかたち、それをもう一ぺんそのかたちが成り立ってくるもとのところへかえす。かえすということは、かたちをほんとうの意味で生きたかたちにする。われわれが生きているということのかたちにする。そういうところまでかえしてみるということが必要だ。これは一般的にいうまでもないことだと思います。

つまり、もう一ぺんそれを受け取り直すということが必要である。受け取り直すということは簡単なようでいて難しいことであります。つまり、いままでのでは駄目だから、もう一ぺん考えてみようということですけれども、そう単純にできることではない。というのは、やはりそれは根本においては生き方ということですから、われわれが生きている、あるいは生活しているということの中をとおしてでないと、ほんとうに受け取り直すということはできないということです。本来の意味をもう一ぺんつかみ直すといっていいので、それはある意味で解釈し直すということであります。たとえば行事というものはどういうことか、あるいは教学でいろいろ言われている教えというものはいったいどういうことを意味しているのだということを解釈するということです。ただその場合の解釈というのは、ふつうにただ頭で考えて、そしてこれはこういう意味じゃないか、あれはああいう意味じゃないかというふうにして、いわゆる学問的に解釈するというふうなことではなくして、つまり解釈するということは、何らかの意味で生きるということをとおして――自分が現在生きているそのことの中から、本来の意味をとらえる。意味というのは、この場合にはいろいろな行事や教学というものがもっている人間としての生き方をあらわしているところのもの、それが行事や教学または思想の意味になるわけです。その意味をとらえるということが解釈ということになるわけです。

これは学者が頭でことばの意味がこうだとか、思想を解釈するとか（教学の場合にはそういうことがよく行なわれるわけですが）、そういう意味の解釈――もちろんそういうこともたぶん含まれてくると思いますが、しかしそれよりもまず根本的に生き方としてそれをつかむ、生き方というところでとらえる、ということではないかと思います。これはやはり自分の生き方ですから、自分が実際生きるということをとおして、ということ以外にない。その場合にはやはりいまの問題ですと、現代の教団人が、教団の成立してきた源へかえる。現代でもたえずそれが源になっているところの、そして現代の自分のいわば足もとを掘り下げればそこで出会わなければならないような源というものへかえっていくということです。

そうするとある意味では、伝統というようなものを一つ一つこわしていく。こわすということばは適当ではないかも知れません。しかし、生き方という場合には、かたちとして固定してきているところの――行事でも教えでも固定してきたものになっている、きまった構造、フォーム、パターン、structure になっている、そういうものをときほぐしていくという意味になるのだと思います。破壊といっても、ただぶちこわすということはわりあいやさしいと思うのです。いまの学生などがゲバ棒をもっているという式のことだと、これは比較的やさしい。そういうことではしかし、受け取り直すということにならないと思うのです。固定した構造をもったものをもう一ぺん分解して、ときほぐして、そして固定したものの奥にある生き方、生きるかたち、生きるということのかたとはどういうものか、というふうにして解きほぐしていく。ですから解体といってもいいかも知れません。構造ということばを使いますと、その構造をもう一度解きほぐしてみるということですね。structure ということばに対応することばだと destruction。つまり固定した構造をもう一ぺんときほぐしていくということです。

　destruction というのは破壊ということになりますけれども、ふつうの意味のこわすということとはちがった操作で、むしろそのかたの中に入って、その中で生きていながら、同時に固定したかたというものから、たえず出ていって、そこからたえずかたというものを反省していく、ふりかえってみていくということです。中にとどまっていると同時にそれを出る、出ると同時に中に入る、両面ということだと思うのです。そういうふうにして固定したものを少しずつときほぐしていって、それの本来もっている生き方としての意味というものを探りあてるという、そういうかたちになると思うのです。これは生きるということを通してでないといけないわけです。そしてそのことによって、かたのもっている意味というものがだんだんわかってくる、そういうことだと思います。解釈というのは、やはりそういうふうなことですね。

ですから、学者がいわゆる学問的にいろいろ解釈するということも現代人には大切ですけれども、それはいわゆる教学という立場ではなくて一般学問です。宗教的な立場での学ぶということではなくて、ふつうの意味の学問というレベルでのことですから。教学というものの本来の立場というものはそうではなくて、いまいったようなことになるのではないかと思うのです。これは一面からいうと、だんだんこわしていくということですが、そのこわすということがたえず何かを建設する、construct するという、そういう意味をもってこないといけないと思うのです。

四

construct するということは、実はもとへかえることですね。本来の生き方というものがつかまえられてくればくるほど、それが自分をとおして生きてくる。それぞれの自分自身をとおして自分の生活の中に生きてくる。生き方として生きてくる。それによって、別にconstructするというような意図、意識でもって動くということではなくても、おのずから自分が生きていくということをとおして、何かそのもとの、本来の生き方というふうなものが生きてくるという、そういうことだと思うのです。そういうことは、つまりたえず新しいかたちというものがつくられてくるということですね。それで建設的という意味になっていくわけではないかと思うのです。

教団というものが、ほんとうの意味をもってくるのは、そういうふうにたえずもとから、つまり伝統のもとから新しい建設が行なわれてくるということ、あるいは教団がたえず新しく自分自身を建設していく、建てていくというふうなことです。そういうことが根本にあるということが、どうしても必要だと思うのです。一般の人びとが要求しているのは、そういう道だと思うのです。いいかえると、個々の宗門とか宗派とかという問題よりも、そういう区別をこえてもっと一般的にいうと、人間としての——誰でもいい、西洋とか東洋とかいう区別なしに、一個の人間としての生き方、万人だれでも人間としての普遍的な生き方、そういう生き方のうちにふくまれている宗教的な要求というふうなもの、そこから発していることだと思うのです。さきに言ったように、『バイブル』を読んだり、『歎異抄』を読んだり、あるいは道元の本を読んだりするという、そういう人間の要求——それはやはり人間の根本の生き方を示してくれるはずである――そういう根本的な道を具体的にあらわしている宗教的な人間としての、たとえば親鸞、道元、あるいはイエス、誰でもいいですが、そういう宗教的な人間が問題なのです。つまり、人間そのものの立場での要求から出発して、『聖書』や『歎異抄』や、その他のものにおいて一般の人がみるのは、宗教的な人間に出会う。宗教的な人間というものをとおして、宗教の道、つまり生き方としての宗教を求めるということです。ですから、宗教というものは一言でいうと、人間としての生きる仕方であるということです。それが宗教というものの根本の意味ですから、教団のいろいろな事柄というものは、たえず受け取り直されることが要求されるということになります。

そこで、さっき申しましたように、一般の社会と教団とのギャップということからいうと、教団のほうの側からいって問題になるのは、いまいったような意味の受け取り直しということ。受け取り直すというのは、つまり伝統の源になっているところへかえるということでもありますし、何か同時にしかし伝統を解きほぐしていく、そういう意味での解体、あるいは本当の意味の解釈といってもいいですが、そのためにはやはり伝統に対して一方ではそういう解体していく、解きほぐしていくということが必要です。それから伝統へかえる、もとへかえるということ、つまり伝統を生かす、伝統の中にはたらいている根本の生きる力というものを、自分の生活をとおして、自分が現在生きているという、その自分の生活をとおして伝統の底に生きてはたらいている力というものを蘇《よみがえ》らせる、あるいは自分において受け取る。あるいは伝統の力というものが、自分の現代の生活をほんとうの意味で現代において立てる。自分の生き方を教える力になってくる。そんなふうなことで、二重のはたらきが同時にないといけないわけです。そうでないと、一方ではただ破壊するという方向になったり、あるいはただ伝統のうえに固定したものに愛着してそれを守るということになって、悪い意味での保守の立場と悪い意味での進歩の立場というふうなことになるわけです。しかしほんとうの生き方というのは、やはり進歩が保守である。ほんとうの意味の保守がほんとうの意味の進歩であるというふうな、そういうことがないとだめですね。両方が成り立つようなところですね。だからほんとうの意味で退いて守るということと、たえず新しいものを求めていくということとが一つでなければならないということ、これは実はどこにもあることなのですが、そのためには、宗教というものはひとつの生きる生き方、人間としての生き方だという、そこからどうも考える必要があると思うのです。これはいうまでもないようなことです。

五

以上のような立場からみて、それでは現在どういうことが問題になるかということが、少しばかり出てくるかと思うのです。要するに、ギャップというのはどういうことかというと、宗門の人からいうと、先ほど言ったように、宗門というものの中にいて、そこからすべてのものを見ているというふうなこと。それから一般社会の人は全く外に立っているというふうなこと。そういう内と外というふうなことがすっかりわかれているということですね。これはどちらがいいとか悪いとかということの問題ではないと思います。それぞれがある意味で、どちらにも欠くことのできない立場を代表しているということがあると思います。宗門の人はやはり宗教的な伝統の立場というか、伝統の中に築き上げられてきた何か大きな配慮、深いものというものを荷なっているという、そういう立場に立っている。教団の立場というものは、そういうところがあると思います。

それに対して、一般の人というのは、ほんとうはそういうものを求めている、そこへかえろうとして求めている。しかし同時に現代という新しい世界の中に生きて、日本の場合でもいわば大きな世界の中で世界の風に吹かれて生きている、そういうことになっているわけです。教団というのは、やはり伝統ということが背景になっているわけですから、世界の風に吹かれるということが少ないのではないか。気密室みたいなところにいて、風にあたるということがない。個々の人びとの立場がどうだということではなくて、おのずからそういうふうになっている。生き方としておのずからそうなっているというところがあるのです。外のほうの人は、やはりある意味で歴史の新しい動きというものに動かされて、あるいはそれにたえず対応しながら生きているということですね。

宗門のほうは、一般的に——西洋でもそうですが——どうしても新しい動きについていけない、ついていけなかったというところがあるわけです。ことに日本の場合、仏教が一ばんそういう点が強いわけですね。明治以後、社会が非常に新しくなって、どんどん変わってきて、現在の社会というものは徳川時代からみると一変している、変わっていないものはほとんどないですね。ただ仏教だけが変わっていない。根本的な意味からいったら、やはり古いところにとどまっている、そういうことですね。ですから、どうしても社会と教団とのそういうギャップが歴史をおおっている、そのさかい目のところまで出てこないといけないわけです。さかい目のところへ出てくるということは、その両方に面して立つということですが、もう少し徹底していうと、むしろ思いきって外へ出てみないといけない。つまり、一般の人びとが立っているのと同じ立場に立って、一般の人の心になって、自分の心を一般の人の心にまで開く。心といっていいかわかりませんが、そういう姿勢、生き方をとるというふうなことですね。これは口にいうほどやさしくないわけだから、教団の人としての自分自身の生き方にくっついているいわば古いもの、固定したさびのような、あかのようなもの、そういうふうなものを一つ一つ、自分の生きるということをとおして、中から剝奪していくということですね。植物や動物でも、やはりたえず古いものを内からほぐしていく、脱皮していくということがよく言われますが、何かのかたちで脱皮していくということがどうしても必要です。その力になるのは、やはり生きるということをとおして以外にない。

その時に、やはり根本になるのは姿勢ということ、あるいは生き方ということですが、その場合に外の一般の人の立っている立場というものをできるだけ自分のものにするというふうな努力――努力といっても、別にそんなことは努力しなくてもしょっちゅうやっていることだという感じもあると思いますし、事実そのとおりだろうと思いますが、それが案外難しいのではないかという感じもします。頭で、というだけではなしに、からだで、あるいはものの感じ、センスで――センスがそういうふうになるということはなかなか難しいことだと思います。そういうことが一朝一夕にできると思わないのですが、たえず心の向きをそういうふうな方向に向けていくというようなこと。これは宗教の歴史でもそんなに珍しいことではない。宗教の教団に属した人が、もう一ぺんその殻を破るということですから、お寺の中にいながら同時にお寺を出るという立場、これは昔だってあったわけです。日本の歴史だけ考えても、比叡山なんかで修行された鎌倉仏教の祖師のかたがたが山を降りるということ。比叡山というのは、当時でいえばちょうどいまの教団にあたるようなものですが、やはり山を降りられたというふうなこと、そこから新しい鎌倉仏教がはじまっているわけです。あれはやはり外へ出たということだと思いますね。そしてそこから新しくつかみなおされたというふうなことが行なわれたわけですね。

で、逆に在家の人からいうと、やはり求めているのだが、どうしてもいけないという、そういうことの中に、在家なら在家の人の、一般の人のもっている問題があると思います。つまり、伝統的な仏教というもののもっている大きな力、あるいは深い思想、そういうものになかなか触れることができないという、そういうことの中には在家のほうの側にもそうさせているものがある。これはその次に問題になることですけれども、そういうことが、ある場合にはさっきもちょっと言いましたように、要求はもっていても教団というものには入っていけない、あるいは反撥を感じる。そういうふうなことになるし、あるいはもっと一般的な現象としては、教団ばかりでない、宗教上のものに対して無関心であるということになる。仏教とかキリスト教とかということばかりでなしに、そもそも宗教的な要求というものをもたない、あるいはもつことができない、そういうふうな立場、在り方、あるいは生き方が一般的であるということです。

六

一般の社会の人からいうと、さっきもいいましたように、現実の世界の風に吹かれていて、その中で生きているという、つまり現在の生活というものを荷なっているところはあるわけですが、しかしそれが徹底して宗教というところへはなかなか行きにくい。場合によっては、もう無関心になっているという、そういう一面がある。教団の人はそういう何か宗教的なものを荷なっているのだけれども、しかし一般の人をその中にひき込むだけの力をもっていない。そういうかたちになっているわけでしょう。そういう中から、さっき言ったように、教団側からいうと一ぺん外へ出てみる。僧俗というふうな古い区別からいうと、徹底的に俗という立場になってみるということですね。僧という立場でない、俗という立場、ということだと思います。

しかし、ただ出ていくということだと、それは一般の人と同じことになる。そうすると何の問題もなくなるわけで、やはり教団の伝統から与えられるものを踏まえながら、同時に外へ出ていくということですね。一方からいうと、だから僧——僧伽《サンガ》に属している立場を僧とすれば——の立場を徹底するという方向、それから同時に俗という立場に徹底するという、その両方がどこかで一つに結びつかないといけないわけです。そういうことは、いわゆる非僧非俗といわれるような真宗の立場が一ばんはっきりしていると思うのです。しかし、非僧という立場はやはり俗ということに徹底する立場ということだし、非俗というのは僧という立場に徹底するという、そういうことが同時に結びついて、非僧非俗というふうなことが出てくるのだと思います。

一般の人の立場だってほんとうは同じことなので、非僧非俗を逆にすると、非俗非僧ということになるか……方向は逆ですけれども、どこまでも俗の立場を否定していくということから、宗教的な道を求めるというか、宗教的な要求というものが起こるわけですね。だから非俗ということはどうしてもあると思います。しかし同時に、僧というふうなことになりきってしまわないということですから、要するに方向はちがいますが、かまえは同じで、そしてそれぞれの立場をほんとうに徹底することによって、いまの教団と一般社会とのギャップがだんだん埋められるというか、ギャップを克服していくある意味の共通の地盤とでもいうふうなものができていくはずだと思います。

非僧非俗の立場ということでいいわけですが、お寺の側から非僧非俗なら、一般の人からいうと非俗非僧。根本は同じことだと思いますが、アプローチする方向がそれぞれのおかれた立場によってちがってくる。しかしそれによって、ほんとうに共通の接触面、あるいはほんとうにからみ合う立場というものができてくるはずだということです。抽象的なかたちではっきりしませんけれども、さしあたり教団の側からいえば、さっき言ったように、教団の非常に大事であるような行事や教学というようなこと――そういうものは教団の一ばん大事な骨格をなすようなものですが――そういう骨格をなすようなものの本源的な意味というものを、それがあらわしている生き方、人間としての生き方というところへ還元して解釈しなおす。解釈というのは、つまり生きるということをとおして解釈しなおす。これは哲学的なことばでは実存ということばを使いますが、まあ生きるということでいいと思います。生きるということをとおしてつかみなおすということです。つかみなおすということによって、ほんとうの意味で伝統が生かされてくるということだと思います。

七

じゃもう少し具体的に言って、その両方のギャップになっているような問題の中に、どういう点があるか。これは複雑な問題ですが、現代の仏教の状態というものを考えた場合に、いま言ったような大まかな点で、生き方、生きるということのかたち――あるいはパターン、構造と言ってもいいかも知れませんが――生きるというそのことの構造の中に、教団人の場合と一般の人の場合との構造が、やはりずれている、あわないところがある。

生きるということの根本のかたちがちがってきているという、そういう意味のことをいま言ったつもりです。ですから、いろんなところでそのギャップを埋める努力は、もちろん必要でしょうけれども、一ばん根本のところは、生きるというそのことのかたち、生き方のうえにおこっているギャップというものが埋められなければ、あるいは除かれなければいけないわけですから、そこの問題をいま言ったような非僧非俗というような、そういうことを徹底するかたちで考えることが必要です。

で、もう少し具体的にどういうことが問題になるかということですが――そのギャップ、つまり生き方、way of living 的な、生きる道、あるいは方向とかかたちというもののずれが、どうして起こってくるかということですけれども、これは現状という問題よりももう少し根本的にいって、生き方というそのことの中にふくまれている問題ですね。これはやはり、いままでの伝統的な仏教ということに含まれている、あるいはいままで過去からずっとあらわれてきている教え――かたになっているという意味での教え――と、現代の人間の生き方との間の問題ということになるかと思います。

これは、日本の場合ですと、日本の近代化と伝統というような問題で、いろいろな領域――宗教の世界ばかりでなしに、いろいろな世界で――たえず問題になっていることですね。しかし、さっきもちょっと言ったように、他の世界の問題と非常にちがっていると思うのは、仏教の場合には近代化ということすらはっきり出ていない、はっきり行なわれていないということです。そして他の領域——政治、経済、学問、芸術、その他——のところでは、一応近代化ということが行なわれて、そしてその近代化の行なわれている中に、何らかのかたちで伝統がたえず生かされている。そこにさっき言った二重の意味をもったような歩みが、曲りなりにも行なわれてきているのです。

明治以来の日本の歴史というのは、近代化の方向と伝統への反省、あるいは伝統へかえるということの二つの運動がたえず織りあわされたかたちできているということですね。一方では非常にラジカルな、極端な新しい方向が出てくる。多くの場合それは西洋の文化を取り入れるということと結びついてなされてきています。そしてだんだん現代ではそれに加わって——これは西洋だけでなしに、東洋全体の問題であるかもしれませんが——技術 technology というような立場と結びついて、たえず新しく進歩する。未来をめざして動いていくという、そういう道を一つとってきているわけです。それが非常に性急に新しい改革をするという方向で行き過ぎのようなかたちになると、もう一ぺん過去の日本の伝統、東洋の伝統というところへかえすという方向があらわれて、それがたえず次々にくりかえされてきているわけです。

そのようなことが曲りなりにでも行なわれてきたということが、日本という国の大きな力になってきているのではないかと思うのです。どちらか一方ということは無理であって、伝統の力が非常にはっきりと社会の中に生きていたということがどこかにあるから、進歩といってもバランスがとれるということがあるのだと思います。凧《たこ》の糸が切れたみたいに、どこへ飛んでいくのかわからないというようなかたちでなしに、悪くいえば紐つきということかも知れませんが、しかし行方《ゆくえ》知らずというようなことでなしに、いざとなるともとへひっぱって、そしてバランスをとるというふうなことですね。凧といったら思いだしましたが、凧には糸がついている、またしっぽがついている。しっぽがないと凧は飛ばないわけですね。伝統にかえるなんてことは凧にしっぽをつけるようなものでしょう。ただしかし、凧というものはどんどん飛んでいかなければならないわけですから、やはりたえず風が吹いているということがなければいけない。どこか木にひっかかって動かないというのでも困るわけですから。

これは他のアジアの国とくらべたら非常にはっきり出ていると思うんですよ。日本の力というのは、ある高いレベルの伝統の力というものがはたらいていたから、西洋文化をとりいれても、高いレベルでそれを受け入れることができたということがあるわけです。他の中国・インドその他いろいろなアジアの国と日本とが、非常にちがったかたちをとっているというのはそこにあると思うのです。

伝統が生きていたということは、つまり近代化をなしうる力になっているということ。しかもよくいわれるように、世界の歴史では例外といってもいいほど早い時代に早いテンポで近代化をなしえたということ。それは言いかえると、非常にあぶない橋を渡っているわけですが、しかしそこに絶えずバランスがある。動と反動ということが絶えずバランスをとっている。両方とも絶えずラジカルになってくるのですけれども、ラジカルになる傾向を絶えず含んでいながら、どうにかバランスをとって曲りなりにも歩いてきた。それがやはり進歩ということになっているのですね。

仏教はどうもそういうことが残念ながらなかった。木にひっかかった凧みたいで、もう一ぺんそれを飛ばさなければいけない。それは非常に大事で、飛ばしたうえで今度はどうしたら高くあがっていくかと。一方で風の強い場合には、ほんとうの意味で伝統の力が生かされなければならないという一面と、あまりしっぽが重ければ凧は飛ばないから、そこら辺のバランスが非常に大事ですね。変なたとえになりましたが……。

八

で、いまのずれというのは、ある意味で近代化が遅れているというかたちになっているわけですが、そこにあらわれてくる問題はどういうものか。現代は、近代化ということともうちょっと事情が変わってきているのと考えなければならないのではないかと思います。という意味は、もちろん近代化という問題が一つあるのですが、現代の日本の問題とか世界の問題というのは、近代化からもう一つ先の、近代化によって生じたいろいろの問題を、もう一ぺん超えなければならないというような——近代の超越とか、近代をのり超えるという、そういうことが相当問題になっているということです。

仏教の場合はしかしそうではなくて二段になっていて、近代化ということがまず問題になり、それのうえで、そういうことと結びついて、近代を超えた場合、現代から将来へかけての立場という、それがあらわれている問題を同時に考えなければならないという、そういう二重の問題に面しているのではないかと思います。

そこでまず最初に、近代化ということの問題と結びついてどういうことが問題になるかということを考える必要がある。近代化といっても、要するにその近代化によって生じたかたち、生き方というものは、現代のわれわれの生き方、あるいは一般社会の生き方というものになっているわけですから。で、その次に同時に、その中に新しくあらわれてきつつあるいろいろな問題、近代化がはらんできた大きな問題を考える。日本の場合、その近代化ということは西洋の文化の歴史をとおして成立してきたものだと思いますが、同時にその近代化を超えていく道というのは、西洋文化というわくをはみ出た問題だというかたちになっていると思います。

近代化というものは、一言でいうと、西洋が地球上の全体の世界を支配し、その文明とか文化というものを支配してきた時代であると言っていいかと思います。これはやはり支配するだけの力をもっていたということです。その力が近代という時代を開いてきた。そういう力をもっていたということによって、その西洋で成立した文明とか文化とかが世界を支配した。ところが現代の問題は、それによって世界が開かれてきたわけですけれど、そうなると西洋というわくを超えた世界が西洋自身の文明・文化の力によって開かれてきた、世界というものが一つの世界として開かれてきたと、そういうことがあるわけで、そうすると西洋とか東洋とかということを超えたもっと普遍的な問題が成立してくるということです。世界全体にまたがっているような問題が近代の産物として出てきているわけです。それに対する解決は、西洋ということの中から考えなければならないことですけれども、しかしその基盤は西洋だけの基盤でなくてもいいわけです。むしろ西洋のほうがいまは非常に難しい立場におかれている。というのは、近代化をつくった西洋の考え方、あるいは生き方というふうなものがもう一つ脱皮されないと、現代の問題が解決されないと、そういうところが同時に含まれています。

西洋人にとって、そういう一種の矛盾したような要求——自分の力で新しい世界を開いたが、開いてみるとそこでは自分の力ではどうにもならない、自分が脱皮しなければならないということが要求されるというところがあるわけで、それが非常に難しい問題になるわけです。そこで現在いろんなかたちであらわれている生き方の問題として、根本的にいうと宗教または宗教を基盤にした文化ということ、とくに東洋のむかしからの生き方というものが、生き方の問題としてもう一ぺんかえりみられる、またはかえりみられなければならないということがあるわけです。あるいは、西洋ではいままで出てこなかったような、もっと新しい可能性があるのではないかという、そういう考え方になってきています。近代以前と言われるような東洋の立場の中から新しい可能性、西洋には求めにくい新しい可能性が求められるという、そういう気運も起こっているということです。そういう段階からいうと、現代の問題は非常に新しくなっているわけです。

で、仏教もそういうことと結びついて、もっと新しい意味をそこから見出せるという可能性をあらわしてきている。または、そういう可能性をはらんだものとして見られてきているという、そういうことが若干あるわけです。だけどそれは一応そうですけれども、仏教という立場自身からいえば、そういう要求にこたえるというためには、仏教自身は二重の課題をとおりぬけなければ駄目であるという、そういうことがあるのではないかと思います。近代化と同時に超近代化というか——超近代化だけれども同時にそれは近代という時代を生きぬいてくるということをとおしてでないと、ほんとうには出てこないという、そういう状態であると思います。

九

そこで仏教にとって課題は二重になっていて、同じ日本でも仏教は他の世界、領域より少し遅れているのだと思います。そのかわり、一方からいうと遅れてきたものが、将来まだ見込みがあるということですが、そこのところをはっきりつかまえないと、ただ待っているだけでは駄目です。待っているということでなしに、やはり生きる中から新しく開かれてくるとか、あるいは創造されてくる、建設されてくるという、そういうふうなことがどうしても要求されてくるのです。

そこで問題を一つあげてみます。たとえば私なら私が哲学というような思想を問題にしている場合、それはどうしても西洋の哲学ということをとおってきているので、そういうことをとおして感ずる感想ということになりますが、そこからいえば、いままでの長い仏教を近代化というものとつきあわせた場合に問題となる点がいくつかあります。そのいくつかをひろってみると、これはよく西洋の人が仏教に対した場合にもつ感想だと思いますが、一つは仏教というものには倫理がないじゃないかということです。

倫理の問題――これは仏教を研究した学者のあいだからすでに起こってきている問題です。その場合の倫理というのは、西洋人が倫理と考えてきているような意味のもので、それがどういうものかということは問題ですけれども、一応は「個人的な良心」と、個人個人の心の一ばん奥に成り立つ道徳意識、それを良心ということばで言い表わしているのですが、そういう良心の問題がはっきりしない。そこから同時に「社会倫理」の問題が欠如している。これは問題を考える場合、ただ良心とか社会倫理とかというふうな一般的な問題としてでなしに、つまりそれが西洋では政治や経済や、それから道徳・倫理・宗教というふうな近代文明・文化の一ばん根本になっている事柄であると、そういうふうに考えないと、具体的には考えられないのではないかと思います。

いちいち詳しく言う必要はないのですが、たとえば近代の経済という問題にしますと、ご存知のように資本主義の歴史、それはアダム・スミスなんかではっきり出てきたものですが、そういうものが出てくるもっと元のオリジナルな力というのはキリスト教の立場と結びついている。とくに近代を切り開いた立場というと、プロテスタント（キリスト教新教）の立場と根本に結びついている。で、新教というと普通に宗教改革といわれるわけですが、宗教改革といわれるものは近代というものを開いた一つの原動力になっているといえるわけです。つまり、そういう倫理の問題が欠けているではないかということが指摘される。で、仏教の側からいうと、きっと、いや仏教だって倫理というものがないわけではないと。なるほど高い文化で倫理という教えが入っていないというものはないわけで、そういうことでは高い文明とか文化の国ということは成り立ちえないですから、倫理がないはずはない。しかし、その場合問題になるのは、ただあるといって抽象的にいろいろな教えを出してきてもいけないわけで、いま言ったように、近代というものを開いた力として現代に生きている、現代の人間の生活のもとに基本的な力としてはたらいているということがなければならないわけです。いま言ったような新しい経済組織——資本主義といわれるような、または自由主義——または政治でしたら、たとえば基本的人権、いわゆる民主主義といわれるような立場、それはやはりいま言ったような宗教改革の立場というものを基礎に含んで成り立っていると、そういうことが言えると思うのです。

そういう基本的な力としての倫理というものを考えている。近代において倫理といわれるものが、新しく経済や政治というものを産みだしてくる創造的な力になってきたということ、そういうものとしての宗教——いまの場合はキリスト教ですが、キリスト教という宗教——の力ということだと思うのです。だからその意味では、宗教改革による宗教の力というものが近代を開いた一つの原動力になっているということがいえるわけです。

それからもう一つ、西洋の人がよくいうし、また事実そうだと思うのですが、仏教の教えの中では歴史という問題がないじゃないかという――問題というよりもむしろ歴史的意識、それがないじゃないかということです。

歴史的意識というのは、簡単にいうと歴史というものを歴史としてみる立場ということにもなりますし、ほんとうに歴史というものがそれによってとらえられてくる、あるいは歴史というものがいままではっきり考えられていなかったのがはっきりした姿でうかび出てくるという、そういうふうな見方ということです。歴史というものをみる立場といってもいいわけです。同時にしかし、もう一つの面からいうと、見る見方自身が歴史的であるというか、人間の代々生きてきた発展というもの、人間の生活の発展の跡というもの、それをみる時に歴史ということでみるのだという一面と、しかし歴史を歴史としてみるということができるためには、みる人自身が歴史というものの中で動いていないといけないし、歴史的に生きていないといけないというわけです。あるいは、歴史的に自分が生きているという、その生き方そのものを歴史的にとらえなければいけないということです。だから、歴史の世界というものがみえてくるという反面には、生きている人間の生き方が歴史的になっているということです。そしてまた自分自身を歴史的な生き方をしているものとして自覚するという、そういうことが一つに結びついているということ、それが歴史的意識というものではないかと思います。

これは仏教には割合欠けている面です。歴史的ということを一般的にいえば、中国にもありますし、インドでも日本でももちろんあるわけです。しかし、ほんとうの意味で世界を歴史としてみるということ、それはどうもほんとうにはなかったのではないかという感じがします。仏教にも歴史があるのだとよく言われます。たとえば正像末《しょうぞうまつ》というようなのは、やはり仏教というものの発展を歴史のかたちでみたものではないかと。これはたしかにそういうことがあるかもしれません。しかし、その見方というのはまだほんとうの意味で近代において歴史的といわれる見方とはちがうわけです。

近代において歴史的といわれるのは、歴史的意識の立場から、あるいは歴史的意識の立場においてとらえられる歴史という意味ですが、正像末といわれるような歴史は、そういうものとはちがうと言っていいかも知れません。むしろ西洋でいえば、これは誰でも言うことですが、西洋の宗教とくにキリスト教自身が非常に歴史というものに立脚していたということがいえるわけです。神の創造というのは、やはり世界のはじめということを言うのだし、アダムが神の命にそむいて天国から追放されたというのは、人類の歴史のはじめだというふうなことが言われますね。そして歴史のおわりということが考えられると、キリストの再臨というふうなことと結びついて、歴史の終末ということが考えられます。いままでの歴史が終わって――アダム以来の歴史が終わって――新しい歴史がはじまるのだという、そういう意味の今の歴史のおわりということが問題になります。そこにやはり仏教と非常にちがった見方が出ています。人類の発展の中が、はじめとおわりというものによって切られる。その間にはじめからずうっときて、そしておわりに達するのだという、そういう見方があるわけです。これは非常にちがっていると思うのです。

しかし、見方によっては、それは仏教の正像末の思想にどこか似かよっているということが言い得ると思います。しかし、そういう歴史の見方を歴史的というかたちではっきり出してきたのは、西洋の宗教改革を通してであると言っていいですね。つまり、アダムの罪であるとか、あるいはその罪がキリストの出現によって救われるとか、それからまたキリストの再臨――キリストが死んで復活して――その再臨によって歴史のおわりが告げられる、最後の審判ということでおわりが告げられるという、そういうはじめとおわりということで考えられる歴史――それがキリスト教にははじめからあるわけですが、非常にはっきりとうち出されてきたのは宗教改革を通してといっていいわけです。罪とか終末とかという問題が非常に鋭く表面におし出されてきた。それはプロテスタントの立場からです。

そこにやはり歴史という意識――西洋の中世ではそういう意識というのは全然ないことはないわけですが、中世のキリスト教会の中では、むしろそういう意識があらわれてくると、いつでも異端というかたちになっているのです。中世のキリスト教会というのは、永遠に続く、永遠のパターンとして動かすことのできない、その意味で固定した、変わることのないパターンとして考えられていたわけですから、歴史ということが考えられると、――原始キリスト教にあったような、そういう歴史的な考え方が出てくると――どうしても異端というかたちになってしまうということがあるわけです。

プロテスタントになってはじめて、そういう原始キリスト教の歴史性を含んだ宗教の立場ということが復活されてきたということです。しかしまだプロテスタントの立場だけでは、歴史的意識ということは出てこなかった。それはたとえば、プロテスタントの立場では世俗倫理ということがあるわけですが、それは宗教の立場だけではなしに、そこからの転化として、もう一段変わったような立場が出てきたということによるわけで、それと同じようにこの歴史の問題についても、キリスト教が根本的な力になって、そしてそれがものを歴史的にみるという立場をだんだんつくりだしてきたということです。それはよく言われているように、歴史学――歴史を学問的に研究し考察する立場――というものが成立したということと結びついているわけです。だから歴史をみるときに、やはり歴史学の立場ということが非常にはっきり出ている、そういうことが一つあるわけです。

十一

それからもう一つ、これはものの見方ですが、歴史的な意識というものの中には、さっき言ったように自分が歴史の中に生きているのだという面がある。そういう面からいうと、その歴史的意識が非常にはっきりとあらわれるのは変革または革命という立場です。つまり、人間のいとなみというものは歴史的であるということを、自分が歴史を生きながらとらえる。それを見る立場はさっき言ったように歴史学という立場ですが、実践の立場をとると、歴史的にできてきたものは歴史的につくりなおしていくことができるということ、――歴史というものは人間がつくったものだから、そういう自覚の立場ができると、こんどは新しくいまから自分が正しいと思う方向へ向かってつくりなおしていくことができるのではないかということ――したがって、近代の歴史というのはそういう意味での変革とか革命とかいうことである。そういう考え方はまた、さっき言ったように人間のこの世界での生き方というものはたえず固定したかたを破って新しいかたを建設していくという、そういうことと結びついている。それが革命・変革ということでしょう。

いまの歴史というのは、だから社会革命という大きな革命の連続の中にあるのだということが言われている。そういう革命ということが起こってくる基礎には、歴史的意識ということがあるわけです。つまり人類の生活の発展を歴史的ということでとらえるということ。正しい認識というのは歴史的認識ということであると。同時に、人間自身が歴史の世界に現在生きている。現在も歴史の位置にあるということですから、現在という立場、また将来という立場からいえば、過去の歴史の認識は将来への新しい方向をみている。そしてその場合、正しいと思った社会を建設していくというふうなこと、それがつまり変革という立場であるわけです。

この二つ——歴史的なものの見方と、その実践——が一つに結びついている。実践というのは、歴史的意識のあらわれと言っていいかもしれません。現代のマルキシズムの中にも、そういう両面が一つに結びついているということがあります。しかしそれはマルキシズムだけに限らない。もっと広く革命ということ——それは現実的な意識でいえば、社会ばかりでなしに、あらゆるものについて、そういう態度、たえず新しくしていくという生き方がある。芸術というもの一つとってみても、あるいは哲学・思想ということをとってみても、何かたえず新しいかたちを与えていくという衝動が非常に強くでている。それが近代の特色だと言ってもいいでしょう。

たえず古いものを破って、新しいものを新しいものをというふうにしていく。これはあらゆる面においてです。革命というと社会革命というかたちであらわれるから限られますが、しかし人間の生き方という根本のところから言えば、あらゆる面に——経済や政治だけでなしに、芸術であるとか学問であるとか、科学ということの中でも——すべてたえず固定しないで次々に進歩して新しいところへ出ていくという、そういう一種の衝動がはたらいていると、そういうことが言えるわけです。そういうことが、やはり根本的に言って、歴史的な意識と結びついているということです。

十二

それから、いまキリスト教（とくに宗教改革）ということを言いましたが、その歴史的意識がほんとうに出てくるのは、いわゆる文芸復興（ルネサンス）といわれる立場です。ルネサンスの立場というのは、どう言ったらいいでしょうか。人間の自覚、ヒューマニティ——人間の人間性、人間が人間であるという、そういうことの自覚——つまり、人間が自分を見るときに、中世の場合は神ということがあって、神に紐つきになって、神にたえずひっぱられている、神との結びつきという、そういう方向から人間を見ていた。宗教ということは、そういう立場で考えられていたわけです。人間というものが、たえず神との関係から見られていた。自然の世界も神の創造の世界である。人間のいとなみ——人間の世界、つまり歴史の世界――ずっと発展してきた人間の社会の、その発展も神の摂理が支配しているというふうなことで、自然の世界も人間の世界もみんな神ということを基礎にしてきめられていた。

それに対してルネサンスの立場というのは、そういう見方をはなれて、人間が自分を見るときに人間自身の立場からみる。人間性――人間の人間であるという点――を軸にして人間を見る。そうすると歴史というものを考えるとき非常に変わってくるわけです。神の摂理ではなくて、人間が自分の力で――自力といえば自力ですが――人間がつくったものだというふうなことになる。そして、神というものを考えるその考えも人間がつくりだしたものじゃないかというふうなことになりますね。そして立場が逆転してくるわけですが、とにかくそんなふうに人間の見方が変わってくる。したがって、人間の生き方のパターンというか、構造も変わってくる、そういうことです。

だから歴史というものを人間の生活としてとらえるというふうにみると、歴史は人間のつくりだしていくことのできるものだ、かつてつくりだしてきたし、将来は人間自身がつくっていくべきものだということになります。これはいま言った人間の自覚、人間としての主体的な自覚――人間が神に従属しているのでなしに、自分自身が主体である、自分の力でいろんなものをやっていける主体として自分を自覚してきたと、そんなふうなことです。

そこで問題になるのは、人間の自由の意識ということです。自由というのは人間の権利である。権利であるかぎりは、みんな自由であるということにおいて平等であって、自由であるということは同時に平等であると。基本的には平等だという、また自由であるという、自由とか平等とかいう考え方が出てくる。とにかくそういう人間の主体としての自覚ということと結びついている。これはルネサンス以来の方向です。

もう一つ近世の非常に大きな特色は、自然科学の成立。自然界の見方というものが近代科学ということになってきた。近代科学の立場というのは、古代から中世へかけて発展した自然の見方と非常に変わっているわけです。非常に実験的である。実験というのは人間の行動と結びついているわけです。人間が自然にはたらきかける。そのはたらきかけを外から眺めるのでなしに、自然の内部にいわば入りこんで、内部から自然をうごかしてみて、そして自然の法則を発見する。実験する experiment という立場での自然の認識ということです。だから知ということが行動と結びついている。内部に入ってうごかすというかたちでほんとうの知が得られるという立場です。だから、その場合の科学という在り方は、根本的に事実と結びついているところがある。

詳しく述べる時間はもうありませんが、ともかくそういう三つの事柄が近代を形成しているということです。社会倫理の面、歴史の面――意識、したがって人間の主体性の立場ということ――それから自然科学の立場、その三つが近代というものを形成してきた力になっていると、だいたいそう言っていいのではないかと思います。

それがいままでの仏教という立場とつきあわせてみた場合に、どういうことになるかということです。そこで問題が非常に根本的なのではないか。宗教というものが一つのway of living 生きる生きかただとするとき、近代の人間の生きかたを根本的に支配しているのは、いま言った三つの点です。それが仏教に代表されている生きかたとつきあわせた場合に、どういうことになるか。そこをはっきり通りぬけないと、通りぬけるというのはおかしいけれども、そこに入ってそこを通りぬけるという、そういうことがどうも問題になる。歴史的意識だとか、社会倫理だとか、科学だとかいうと、たいへんむつかしいような問題ですが、実はわれわれの生活の一ばん根本にはその力がはたらいているわけで、こうやっていまいるこの部屋の中でもマイクだとかテープレコーダーだとか、これみな科学の力ということがあります。それから個人の主体的な何だとか、歴史ということとかは、われわれが日常街頭でしょっちゅう出会うようなことがらの中に、みんな含まれていることです。街頭で出会うことがらに含まれているだけでなしに、世界全体を動かしている大きな問題の中にすべて含まれているということで、どうしても仏教のいろんな問題をつきつめていくと、やはりそういうところへ入っていく。したがって、教えとか思想とか仏法とかという立場からいうと、そういうものがみんなぶつかり合っている。そういう場でもう少し問題をはっきり考えないといけない。そういうことがあるのではないかと思います。

自己を世界に開く

一

前講では、仏教の世界と一般の世界との間に大きなギャップがあって、そのギャップをどうしたら埋めることができるか、というようなことでお話ししました。いろいろな問題があるわけですが、そのような問題を一言でいうと、教団というものが自己中心的とでもいうか、根本的な意味で、何か教団の根本の姿勢が教団のための教団というように言われても仕方のないような姿勢になっているということだと思うのです。そこにいろんな問題があるのではないかという気がするのですが、これはもちろんもっと根本までいうと、やはり教団人というか、教団の人たちの姿勢が何かそういうふうになっている。自己中心的と言ってはおかしいのですが、つまり一般の社会の中にとけこんでいないというか、一般の社会に属している面が非常に薄くなっているということがあるのではないか。これはもちろん無意識的というか、おのずからそうなっていて、自覚的にそういう姿勢がとられているというのではないわけです。

それで現在の問題を意識している人びとは、そういうことから脱却しようと努力しているわけだと思いますが、そういうことが徹底してなされるのは、前講でもちょっと言ったように、鎌倉時代のいろんな祖師方がなされたように、比叡山を降りるという、降りたときには転換が根本的に必要なのではないかというようなこと。やはり内から外を見るというような姿勢ではなしに、外へ出て見るというようなことです。もちろんそれは、広い意味ではやはり教団人としての根本の立場を保ちながら、しかし外へ出てみるという、ほんとうの意味の非僧非俗という立場をあらためて確立しなければならない、開かねばならないのではないかという、そんなふうなことを簡単にお話ししたように思います。

前講ではちょっと時間もなかったし、お話しする必要もないかもしれないと思ったし、また他のところで以前からお話ししていたから除いたのですが、教団の現状はいまいったようなことですが、根本まで考えると、いままでの仏教の教えというか、そういうものの中に、何かそうさせるような要素が強くあったのではないかということです。それは簡単にいうと、仏教の根本の立場というのは、仏と法とそれから僧――僧というのは宗教的な共同体、僧伽《サンガ》とむかしからいわれている――そういう三つのものが切り離せないというところが根本だといってもいいわけです。その場合、一言でいうと、仏法ということを僧ということと結びつけて考える、逆にいうともちろん僧ということもやはり仏法と結びつけて考えなくてはいけないということですが、その僧というものを考えるときに、やはり人間の共同体ということですから、人間というのはいつでも俗の世界ということになっているわけですから、そこに歴史的に、歴史の中に生きているという、抽象的にいえば、時というものの中に生きているということがあるわけです。

「時の中に」というと、もうすでにほんとうは問題ですが、徹底的にいいますと、時といっても存在、抽象的なことばだと有。有と無ということは仏教でも非常に根本の問題になりますが、その有ということの中にも、すでに本質的に時ということが含まれているということで、有と時ということは切り離せない問題です。これは西洋でもそういうことがあります。現代ではとくにそういう意識が非常に強くて、たとえば、ハイデッガーの本などでも『有と時』という題が出ています。つまり、大まかにいうと、有というのは時である。時というのは有である、そういうふうに言ってもいいのです。ご存知のように道元の『正法眼蔵』などでも、やはり有と時というものが一つになって「有時」と言っています。有と時ということを一つに考えているということがあります。

そこで「時の中にある」というふうな言い方が、もうすでにおかしい。おかしいというか、ほんとうに考えていけば、「中に」なんていうようなことばは非常に大きな問題をはらんだことばです。「ある」ということがもうすでに時的であるということですから。そうすると時というのは具体的に考えて、やはり歴史ということになるのですね。で、僧という立場を考えると、それはやはり人間の存在ということで、根本的にはだから歴史的ということを離れて僧の立場ということは考えられないということがあるわけです。しかし同時にそれは宗教的な共同体ですから、その共同体を形成している根本の力というものは仏法、法である。法というのは一面、時を超えていないといけないわけです。時はたえず移りかわるという一面がなければいけない。たえず新しくなっていく、たえず盛んになったり衰えたりというふうな、盛衰とか興亡とかいうふうな、そういう移りかわりの相をとっているわけですから。それに対して法というのは、時を超えているというか、歴史ということばならば、超歴史的という一面があるということだと思います。しかしそれを仏法僧と一つに考える。仏法僧というのは仏教の三つの柱のようなものだと思うのですが、それを一体として考えるという立場からいうと、やはり超歴史というか、永遠というか、したがって超歴史と歴史、永遠と時、そんなふうなことが一つに動いているというのが宗教の立場ということです。だから、歴史を考える場合、いつでも永遠とか超歴史とかという、そういうことを契機にし、いつでも内に含んで考える。逆に永遠とか超歴史といっても、それは本質的にやはり歴史という、時ということを含んで考えなければいけないと、そんなふうに思うのです。

二

東洋でも西洋でも、こういう問題というものはむかしからすでにあったものです。歴史と超歴史、永遠と時というようなことはcrossするというか、切り合う。その切り合う点、そこがむかしから「いま」とか「ここ」とか「接点」とかということばで言われてきていると思います。ご存知のように、西洋流のことばでいうと「瞬間」Augenblickという。「いま」というのは、時の中にあって、しかし時を垂直にたち切るというような一面があって、しかも存在ということを考えても、存在がほんとうの意味であるというのは、やはりいつでも現にあるという、現在というかたちをとるわけです。過去はすでにない、未来はまだない、あるというのはいまここにということと結びついている。だから、存在というものをほんとうに考える軸になるのは、やはり時と永遠とがそこでcrossしている、歴史と超歴史とがcrossしているという、そういうかたち（構造）をぬきにしては考えられない。したがって人間が現にあるという、現存しているという、そういう人間の現存在ということも考えられないというところがあるわけです。

そういうことは仏教でもいろいろに言われてきているはずだと思うのですが、しかし仏教の考え方の中にそういう歴史というか、人間の存在が歴史的であるという面が何か非常にぼやけてきているのではないか。時を超えているというような面は、仏法ということを考える時に非常に出ているわけですが、しかし歴史的である、有が時であるという、そういうような面が比較的おろそか（おろそかと言っては実は言い過ぎになりますが）、少なくとも充分に展開されていない。展開されないというのは、やはりその時というものをどこか無常であるとか、苦の世界であるとか、いろいろなかたちでネガティブ（否定的）に考えるという面が非常に強かったと思うのです。

時の世界というのは、何かたえず新しいものがそこから生まれてくる。「いま」の世界というのは、たえず新しいものがそこから生まれてくるところだと。存在が、だからほんとうに生きた存在として成り立つ場だというようなこと。そこまではどうもなかなか行っていないのではないか。ネガティブに何かやはりそれを超えていくという、超えられなければならないものだという、そこは非常にいろいろなかたちで出ているわけですが、同時にその反面、そこからたえず新しいものが生まれてくるというか、いわば前向きというか、生きているという場合における前向きの姿勢というようなところが比較的少なかったのではないかという、そういう感じがします。

これはインドの思想に歴史というようなことが少なかったのではないかと思います。歴史というのは、つまり「いま」というようなことがかけがえのない意味をもっているということ。かけがえのない意味というのは、いわば日付けをもっているということですね。時というものが日付けをもっている時だという、つまり歴史的な時だという、そういう面がぼやけているということがあったのではないかと思うのです。これはもちろん西洋の場合と比較してですが、西洋の場合では殊にキリスト教になってからそうですが、人間の宗教的な立場ということは、基本的に歴史性ということと結びつけて考えられてきている。そこから歴史という感じが非常に強く出てきているわけです。現在からみると、やはりそういう点仏教の立場からでもいろいろ学んでいい点があるのではないかというようなことです。

その欠けている点というのがどういうかたちであらわれているかというと、私はやはり(たびたび言ったことですが)従来の仏教の考え方で、仏教を研究するというか、仏法を学ぶというときに、教団論とでもいうか、つまり僧伽《サンガ》の論というものが仏法と結びついて切り離せないものだというかたちで出ていない。仏法を論ずるときに、同時に僧伽というところまで考えが進んでいかなければいけないと思うのです。僧伽ということをぬきにして法というものは少くとも全面的には考えられないのではないか。こういうことが一応あるわけですが、過去の仏教の教学という中には、僧伽の論というのは非常に少ないのではないかと思うのです。あってもたとえば戒とか戒律とかいうかたちでしか考えられていない。もっと仏教プロパーの問題として考える必要がある。もちろん戒律ということも大事なことで、戒《かい》・定《じょう》・慧《え》という三学、三つの学問（というか三つの学ぶべきこと）の一つというふうにして言われてきているわけですが、しかしその戒律ということの基礎にある人間の在り方ですね。つまり、在り方としての僧伽、共同体という、宗教的な共同体、近頃のことばなら同行とか同朋《どうぼう》とかいうことですが、人間の在り方としての同行とか同朋とかというようなことは、仏法論の中に本質的にくみ入れられて一緒に論ぜられるという、そういうやり方が非常に少なくなっているのではないか、少なかったのではないかという気がいたします。そこらあたりで、いままで仏法というものを考える教学的な考え方の中に、何か非歴史性というようなことがあったのではないか。したがってまた非社会性ということもあったのではないかと思います。

三

このことは、もっと具体的にいうと、現実の場合には中国や日本で仏教が発達したときに、たとえば社会倫理の問題がないことはなかったわけですが、しかしその場合それは、中国だったら仏教が儒教ということと結びついてはじめて、いわばお互いに補いあうということで社会倫理がなされていたということがあると思うのです。日本の場合でしたら、やはり倫理の問題というのは儒教、それに神道なども入ってきていると思いますが、そういう習合（儒仏習合とか）というかたちでもって結びついていた。それによって倫理の要求とか社会的ないろいろの問題というものが解答を与えられていたということがあると思います。しかし、どうもそれだけでは充分でなかったということがあるのだと思います。

というのは、日本の場合を例にとっていうと、徳川時代までは儒教と仏教と神道との三つがそれぞれに、社会倫理的要求は儒教が満たす、宗教的要求は仏教が満たす、国家の立場（これも倫理の一部ですが）というようなものは神道が満たすというふうにして、そのおのおのが会通されるというか習合されるというか、そういう立場でやってきたということです。ところが明治になって儒教というようなものが教えとしては脱落した。一般社会の倫理的な思想というかたちでは、徳川時代にもっていたような力がなくなって脱落したというかたちだと思います。そうなってみると倫理の問題というのは非常に難しい問題になって、仏教自身の中からそれが出てこなければならないような、そこに何か空白が残ってきている。それにかわって西洋のほうから、いろんな倫理とか思想とかが輸入されてきているというわけです。けれどもそれが定着するということにはなっていないし、定着してもこんどは仏教との結びつきということがなかなか難しいというようなかたちになっているとと思います。

キリスト教ではそこが歴史的にいうと、倫理というのはやはりギリシアから与えられている。ギリシアから発達して、ギリシアの思想、哲学は非常に倫理を深く考えてきたということです。ところが、キリスト教がだんだん大きくなって、ギリシア的ローマ的な世界というものへ入ってきたときに、やはり異教というものを克服して入ってきたということですが、しかし克服することを通して自分の中へすべて消化しようとしてきている。西洋の中世の時代というのはそういうかたちで起こっているわけです。ギリシアの倫理思想というようなものをみんな教会の中に入れて、キリスト教の倫理として消化してしまって新しく与えているという、そういうことがなされたと思うのです。

仏教の場合には、そういうことが行なわれなかったというところがあります。それにもただ悪い点ばかりともいえないところの問題があろうと思いますが、しかし仏教の教えというものが、社会倫理的な要素というものを他から借りていたという面が歴史上あって、そこのところに何か仏法というものを考えるときの基本的な姿勢ということに問題があったのではないかという感じがどうもいたします。ほんとうならば天台とか華厳《けごん》とかいろいろ大きな教学（それ以前は三論・唯識《ゆいしき》ということ）の中から、社会倫理ということがもう少しはっきり展開されていいことだったのだと思います。もちろん断片的にはいろいろあります。しかし大きな、つまり仏教でいうと三宝——仏法僧——が一体であるというような基本的立場から考えられているという姿勢がどうもあらわれていないような感じです。そういう点でやはり教団論というもの、教団とは何かというようなことが、仏教教学の本質的な問題として出てこなかったという情況があるわけです。そこら辺でやはり歴史ということが希薄だったということ——歴史といっても根本までいうと人間の存在を見るときの、そのとらえ方ということ、人間が自分の存在というものを把握するときの把握の仕方ということです。その歴史的要素が欠けている。教団の根本の問題として、そういう問題があると思います。

まあ、それはそれとして、前講の最後には、つまりそれは近代という時代からのズレだというふうに考えました。で、逆にこんどは近代の特色として、いまいったような歴史主義的な意識、それからもう一つは社会倫理的な問題、そして科学と、この三つということ。これは西洋人がみた場合に、東洋に非常に欠けている、殊に仏教に非常に欠けている面だというふうにして強く言ってきたことがらだと思うのです。西洋からみるとそういうふうに見えるということです。

四

いまでも憶えていますが、もう十年以上も前になると思います。キリスト教のクレーマーという神学者――オランダのわりあい有名な神学者ですが――その人が日本へやってきていろんなことを聞きたいということで、大谷大学で鈴木（大拙）先生と対談をした。私も仲間に入っていたので記憶があるのですが、その時にいろんな議論になって、クレーマーという人が、仏教の立場と良心という問題はどうなっているのだというふうなことを盛んに言っていたのを憶えています。良心というのは、宗教改革の立場と結びついているというところに非常に大きな問題が私はあるという感じがしますが、一般的にいうと、良心とはもちろん宗教改革からはじまっているということではなくて、昔から道徳的な意味でも場合によっては宗教的な意味でもいろいろ言われていることだと思います。ただ宗教改革で、たとえばルターなどがいろいろ問題にし、また現在でもカール・バルトというような人が初期に非常に問題にした良心という問題は、普通に良心ということが考えられるのとはちがう。それだけの立場ではないわけです。つまり神と人間ということを考えて（キリスト教ですから）、そしてその神と人間とのぎりぎりの関係のうえで良心ということを問題にしているというところがあると思うのです。

具体的に申しますと、たとえばルターの場合を例にとると、彼はアウグスチヌス派の修道院に入っていていろいろ修行をしていた。で、彼はもちろん神学（キリスト教の教学）も深く研究した。この教学にもいろいろな派があるわけですが、彼はアウグスチヌスの教えの系統ということで、とにかく広く研究するということがあったわけです。で、いろいろ研究していろいろなことがわかる。そしてこれがほんとうだ、真理だとわかる。しかし、わかっていながらそれが自分のものにならないというか、真理だということがわかってもそれが自分に生きてこない、それと自分との間にギャップがあるというふうなこと。一方では、カソリックの立場ですから、聖者の道というか、自分の罪というものを悔いて、いろんなかたちの修行というものをする。たとえば修道院などでは非常に厳しい修行、禁欲的な修行をして、そして聖者の道を踏むという、中世の理念というのはそういう方向だといってもいいわけですが、そういう場合にも、その道は神学的にいろいろ基礎づけられているわけですから、それを研究して、そしてそれはみんなある程度理解できて、それの真理であるということは疑わない。しかし、それと自分がそれになれないというふうなこと。仏教的なことばでいえば、法としてはわかると。しかし自分という、人間の立場というか、そこまでいくと法もなかなか自分にはほんとうになってこない。そこのギャップということですね。それが良心というような問題として出てきているのだと思うのです。

逆にいうと、そこが解決されるという場合には、ほんとうの意味での確かさということが必要だということです。ルターのことばだとドイツ語でGewissen（普通「良心」と訳す）ということを言っているわけですが、wissenというのは知る、英語でいうとGe-wissenはconscienceということで、scienceはやはり知ということ。Ge-とかcon-とかというのはどういったらいいか、綜合的なというか、何かある一つのことでなしに全体としての知ということです。「全体として」というには、一つ一つの事柄についてそれがどんなに宗教的なことであっても、そういうものの全体をひっくるめた、全体へまとめた立場がなければならない。con（ラテン語ではcum）というのは、もとは集めるというような意味らしいですね。ギリシア語ではシュンσυν、conscienceというのはギリシア語のシュンエイデシスσυνείδησιςの訳ですけれども、みんなこれらは知という意味ですね。とにかく、一つ一つのことはわかっても全体として何か落ち着かないところがあるといいますか、確かでない、不安が残るという、そういうことです。「確か」というのはドイツ語でいうとGewißheit、疑いないとか、確かなことということです。

とにかくいろいろな教学（キリスト教の場合は神学ですが）の勉強をやる。そしていろんなことがわかって、なるほどこうだと知識としていろいろわかる。しかし全体として不安が残るというふうなこと。その全体としてというのは、ただ知識をよせ集めた哲学的な体系のうえでということではないと思うのです。そういうことでなしに、思想的な意味ではっきりとした体系を作るのには、その何かの全体をはっきりしなければならないということがあるわけです。しかし、いま問題にしている全体というのはそういうことでなしに、もっと根本的な意味での不確かさということですね。これは自分自身、個人としての自分の存在そのもの、つまりこういうことも学びあいうことも学び、研究をし、というような、そういういろいろなことについてはそれぞれちゃんとわかるし、いろいろ考えてこういうのは間違いでこうするのがほんとうだとか、いろいろ考えるところはあると。そこら辺ではあまり疑いはなくなる。しかしそういう中で、やはり全体にぼんやりとした疑いがたえず心の底に残るというようなことがあるということではないかと思うのです。これはけっきょく、一人の人間としての自分自身の存在そのもののうえに不安が残る、確かでないところが残るというようなことですね。でそれについての確かさを求めるということは、学問とか教学を一生懸命勉強するというようなこと、たとえばいまの大学でいろいろ教学の研究とかというふうにしてやられていることを、どんなに詳しくまた真面目にやっても、それだけではどうも通らないというか、解決できない問題というものがある。けっきょくそれは、いまここに生きている自分というものが定かでない、つまりそういうところに何か確かさを欠いているところがある、というふうなことをいっているのだと思うのです。

五

そこで良心の問題というのは、つまりその不確かさということ——どんなにいろいろ勉強したり何かしたりしても、けっきょく根本的な不確かさが残るといった場合、それをいくら正直に、どう勉強してもほんとうのものにはならない、ほんとうでないというふうな、そういうことをはっきりある意味で自覚して、その立場にはっきり立つということです。自分のうちで立つということ、それが良心という立場だと思うのです。だからこの場合の良心というのは、けっきょく自分という人間と、それからキリスト教でいうと神ということになりますが、自分と神との直接の関係において根本的に不確かさが残るという、そういうことの意味だと言っていいと思います。

そこで、この場合なぜ良心というのかというと、これはおそらく個人としての自己自身の自覚ということだからですね。他の人はみんな知らなくても、自分だけは知っている。他の人には見えないかも知れないけれど、自分には自分の根本のことが見える、わかっているということが良心ということ。あるいは他の人の目にはつかないかも知れず、ある場合には欺くことができるかもしれないけれど、自分自身は欺けないという、そういうことが良心といわれている。一ばん心の奥底で、ある人間が個人としてのその人自身でしかない、そのところで一種の自覚というか、知というふうなことがなされるということです。いまの場合の宗教的な意味の良心というものも、そういうふうな意味です。道徳的な意味での良心と似たようなところもある。

もう疑いがないということは仏教の言い方でいうと不疑智という。いわゆる確かさということですね。確かさというのは、学問的な意味での確かさということでなくて、むしろ信ということです。神との関係ということでいうと、ほんとうに神に自分自身をまかすことができる、神との関係において疑いがないということで確かさということを言う。だから信ということは、それ（宗教改革）以前のキリスト教の場合でもたえず言われている。神への信仰ということはたえず言われている。そしてそこからいろんな教学が展開されてきている。信仰などということばは日常つかわれていたことばであり、まして教会の内部とか、あるいは修道院の内部などでは日常語になっていたと思います。だけれども、そういうことがらとしての信ではなくて、そのことがらが自分自身のうえにリアルになってくるというか、自分自身に実現されてくるという、自分自身のうえにそれがリアルな事実として成立してくるという、そこで確かさということをいうとなれば、その確かさとは信ということですね。疑いないということは、やはりそういう意味をもってきている。

良心というのはだから、さっき言ったような意味で、自分が根本に落ち着かないというところがどうしても残っているという、そういうことをはっきり認めるということ、ほんとうに信じきれないと言ってもいいわけです。そしてそういうことを通して、ほんとうに疑いないというところに達する、そういう一つの特別な状況というものが問題になってて、良心というのは、つまりそういうところでのことがらだと言っていいと思うのです。そこでルターの場合だったら、それ以前のキリスト教会のあらゆる教えから離れて、むしろそういうことを否定して、ただ信仰のみという、そういうふうな立場に出てきたと言われるわけです。

その場合の「信仰のみ」という立場の根本は、いま言ったようなことではないかと思うのです。つまりいろいろな教えがあって、それがどんなに立派で正しくとも、それだけでは問題がつきない。その最後の問題というのは、やはり自分自身の問題だということです。自分自身が、ほんとうに宗教的な意味での確かさに達しているかどうか、というふうなことです。不安がないのかどうか、ほんとうの意味の安心ができるかどうかということを自分が自分に問う、自分が自分で自分を問題にする。これは他の人からは問題にできないこと、自分だけにしか問題にできないことです。しかし、そういう自分だけにしか問題にできないということが、神との関係においては、一ばん基本的なことがらになる。それが信ということで言われているのだと思います。

だから、信仰のみという立場が出てくる基礎には、何かそういうことがあって、良心ということも、そういう何か人間の非常に根本的な立場ということが基礎になって、それからそれが社会の中へもちこまれて、社会倫理が出てくる一ばん根本の立場に据えられてきているのではないかと思います。

六

仏教でもしかし、いまのルターのような立場はあるのですね。いうまでもなく親鸞という方の場合でもそうですし、法然の場合でもそうです。法然、親鸞という方の場合でも、やはりいろいろな問題があって、そこから信ということが出てきているということがあると思うのです。逆に禅という場合でも、これははっきり出ていると思います。禅の場合、教外別伝とか言って、いろいろな教えを超えたようなところで別に仏さまから伝えられていることがあるというわけです。いくらお経を読んだり教えを勉強したりしても、そういうものはすべて画餅である、絵に画いた餅である。いくらそういうものを見たって腹はふくれない。

で、そこで一つの問題は、たとえば良心というようなことを問題にした場合、知ということが良心の中にある。東洋で良心ということばが非常に強調されたのは王陽明という人だと思います。王陽明という人は、いまいったような良心の問題ということを非常に厳しく問題にしています。この人はむしろ禅の方向に近い人ですが、良心または良知良能ということばをしょっちゅう使っています。が、そこに知という問題があると思うのです。これは学問的な知ではないのです。どちらかといえば自分だけにしかわからない知ということで、これは禅的なことばになりますが、「冷暖自知」水を飲んで冷たいとか暖かいとかということがわかるのは、自分の舌でなければわからないということです。ほんとうに冷たいとか暖かいとかということはどういうことだということは、いくら人の話を聞いたってわからない。自分で水を飲んでみて、直接自分の体験というか経験というか、そういうことでなければわからないということで、「冷暖自知」というふうなことが言われています。そういう「自知」という性格が基礎にあると思います。自分だけしかわからないようなこと、そして自分だけのことという、それが一ばん根本の、いわば自覚とでもいうか、人間の自覚というふうなことをもっている。あるいはもっと一般的にいえば「悟る」ということです。「悟り」ということばは禅宗でよく使われることばですが、もう少し一般化していうと「自知」というふうな性格をもった知であると言ってもいいのではないかと思います。

たとえば、われわれが本など読んでこれはこういうものだというふうにしていろいろ知識をもつ。あるいは人の話を聞く。親や先生からいろいろなことを言われてそういうものだと思っていることはいっぱいあるわけです。たいていわれわれの知識というものはそういうことですね。科学や哲学などの知識でも、あるいは教学的な知識でもだいたいそういうことです。しかしそういう知識の中で、時々ふっと自分で気がつくということがある。そして、なるほど先生がこういうふうにいわれていたのはこういうことだったのかと。あるいは母親がこういうことを言っていたと、親父がこういうことを言っていたと、それはこういうことだったのかと、いうふうなことがあると思うのです。そういう卑近なことからはじめて、哲学的とか教学的とかそういうようなもっと高い段階の真理についてでも、いろいろ本で読んでだいたいわかったつもりでいても、しかし何かのはずみにふっと、ああ、あそこで言われていたのはこういうことだったのか、というようなわかりかたをすることがよくあります。これはつまり頭でわかるのでなしに、体でわかるというか、さっきの言い方でいうとやはり全体としての人間の立場で、つまり自分の立場でわかると。知識というのはやはりそういうわかり方でないと、ほんとうに自分のものにならない。ふつうのことばでいうと身につくというか、体で知るというふうな（体といっては語弊があるかも知れませんが）つまり体も心も一緒に含めて全身で（ただ頭だけでなしに）自分の身につく。身につくというのは、それではじめて生きたものになる。そしてそれが自分の生き方、way of living という、生きる仕方の中に入ってくるというような、生きたものになるということ。そういうふうな知識があると、自分の生きた生活をとおして何かあらわれてくる。自分があらわそうと思わなくても自然にあらわれてくるというふうなことになりうるのではないか。ふつうの知識――われわれが本とか他の何かから教えられたことばなどをとおして学び、そして頭で理解した知識というものと、それからいま言ったような、もう一ぺんそれが身についてくるというわかり方として受けとられてくるという、そういうことはやはり違ったかたちの知と言っていいと思うのです。そういうのがつまり「自知」という性格をもっていると思うのです。

それで、頭でわかるような範囲では、それは人にいくらでも教えられる。しかし、そういうことであっても、その底に生きている何かがある場合には、それは教えられない。自分でわかるよりしようがない。とくに日本などではそういうわかり方が非常に大きく問題にされてきた。たとえば絵かきのところに弟子入りしても、筆の使い方ぐらい教えるということはできるわけですけれども、しかし教えない。それでむかしの塾だったら掃除をさせられたり、身近なことをやらされるというふうなことがあったようですね。そんなようなことはあまり教えないほうがかえっていいという。自分で見、自分の全体の経験をとおしてわかるようなところがあるという、そういう身についた知識を尊んだのだと思うのです。宗教的な知というものもやはりそういう方向です。そういう性格の知識というものをもうひとつ飛躍したようなかたち、飛躍したようなというのは、さっきのことばでいうと、この世界ということだけでなく、もっと宗教的な、永遠といってもいいし、変わらない何か、神とか仏とか法というような、そういうものに触れる。そういう立場であらわれてくる知ということがあるのだということです。それを仏教では悟道という。

やはり、信、確かさ、あるいは良心といわれる立場の中に、そういう意味での知ということが含まれていると思う。これは自覚ということです。自分でしかわからないというふうなことです。しかしその代り、ほんとうにそれは生きた、身についたものとして自分の中に働いてくるという、そんなふうな性格の知です。

七

信といってもそれは確かさ、疑いのなさということだと思うのですが、その確かさ疑いのなさということの中に、一種の自覚というか、自覚ということばが大袈裟なら、わかったというようなことがあるわけです。それは学問的にはわからないということがあっても、あらゆる学問の領域を超えたようなところでもっと根本的、全体的な立場でわかったというふうな、そういうことがどこかにあるのだと思うのです。そういうのをさとりというようなら、やはり根本的にさとるというようなところがどこかにあったのではないかと思うのです。

よくわからないけれども仏教ではそれを証ということで言われていることがらではないかと思います。だから信ということの中にやはり証ということがある。行ということももちろんあるわけですが、信行証ということは真宗の立場からというだけでなしに、大乗仏教では非常に広くいわれていることだと思います。で、証ということはやはり自分の証ということだから己証ということだと思いますが、こんなことを言おうと思ったのは、キリスト教の人がたとえば良心ということを問題にし、したがってそれに立脚した倫理ということを問題にする、そういうことの問題がやはり仏教にもあるはずであり、何か倫理の面ということがありうるはずなのだと思うのです。これは戒律とか何とかということを超えた、信ということと直接結びつき、信行証というようなことと直接に結びついた立場で、人間の生活の中に良心というようなことから生ずる倫理的な立場というものの、少なくとも基盤があったと思うのです。しかし、それが倫理的というところまで発展しないということがあったということですね。共同体という、個人個人が一人一人であるということを通して（キリスト教ではそれを人格性と呼んでいる）人格性の立場での共同体ということが、西洋ではやかましく言われているように思うのです。同行とか同朋とかということの中に、そういう社会倫理性、西洋でいえば人格性ということを基盤にした社会倫理性という、そういうふうなところまで展開する地盤があるわけです。

時間がなくなってきたので、はしょって申しますと、つまり近代ということの中には、そういう人格の主体的な自覚の立場ということが、非常に大きな力になっているということです。いま社会倫理というようなことで問題にしましたが、もう一つあげた歴史性とか、歴史的意識とかいう問題は、もちろん社会倫理という問題と切り離せない問題です。前講でちょっと言いましたように、歴史的意識という中から、社会をたえず新しく改革し、自分たちがほんとうにそこで現代いま生きている、自分たちの生活の内容というものをじゅうぶん実現できるような、そういう社会を求めていくというふうなことで、たえず新しくしていくという、そういう運動が起こってきたと、そういうことを言ったと思います。これは、つまり人間の自由ということと結びついていて、自分たちが新しく作りうるのだという、そういう類のことになるわけです。

もう詳しく言う必要はないでしょうが、歴史はいままでの段階では、やはり神の摂理のもとで行なわれている、すべては神の摂理に支配されているという考え方、これはむかしからあるわけです。それだけだと、しかしあきらめみたいなことになって、ある意味では人間の世界の発展を大きくみるという意味になるところもあると思いますが、ただそれだけだとあきらめになってしまって、一種の運命論みたいになってしまうというところがあります。悪い意味のあきらめで、ほんとうにちゃんとみる、明らかにみるという立場が出てこない。神の摂理なんてものも、やはり世界の動きをはっきりとみる。人間の世界の中だけでみるのでなしに、あるいは仏教的にいうと、三界のことがらを三界の中にいてみる、三界のことがらを、三界の内からみるというのでなしに、やはりもう一ぺんそこから出て、世間から脱け出たようなところからふりかえってみるということです。世界を出たような、その一ばんもとになる世界をつくったはずの、つくったといわれる神、絶対者の立場からふりかえる。絶対者に結びついた、そういう立場からふりかえって、この世界のすべての動きをみるという、そういう大きな見方が、やはりあって、それで神の摂理という考え方が出てきているのだと思うのです。

しかし、それは大きな教えですが、それだけだとやはり悪い意味でのあきらめになってしまうというところがあります。教えが教えとして生きてこなくなるところがある。先のことばでいうと、自分の自由ということと結びついてこないところがどうしても露呈されてくる。だから、どんなに立派な教えであっても、ただ伝承としてうけとられる。いつの間にか、そういう受けとりかたをされてくる。やはり、自分の身にそれをぶっつけてみる、あるいは自分の身をそれにぶっつけてみるということがどうしても必要だと思うのです。

どんなに立派で、間違いのない、そして過去からずっと伝えられていることでも、やはりたえずそういうことが必要だと思うのです。そうしないと、カビがはえたようなことになりかねない。そこでやはり、自分の自由という立場、そして社会というものを自分の中から新しく造りだしていくという、そういう立場がどうしても必要です。

これはやはり、神の摂理ということだけにとどまっていられないで、それをもう一ぺん自分の自由というところへかえしてみようというふうなことです。はじめのところは、信仰の立場、キリスト教の立場をふまえているというところがあって、それを新しくやるということだったのでしょう。それは神の計画というか、神の意図を実現するということだと、そういう考え方が根本にあったと思うのです。これはやはり歴史という中で、(社会というものを含めてですが) ある意味で自分自身にかえる、さっきの良心の立場と同じように、人間がほんとうの意味で、自分自身にかえるという、そういう方向です。

八

ただ、その場合は、知ということよりも、行為、行ない——たえず新しくしていくという、actionというか、行為の立場ということをふまえてということだと思います。歴史ということの問題の中には、やはりそういうふうに、行為によって自分自身を実現するというようなことがあります。たとえば、人間の自由の力ということがある。その場合、問題になるのは、さっきちょっと言ったような、人間の在り方がたえず前向きであるというような意味、つまり生きているということです。そして、そういう行為ということと結びついて、もう一つ歴史ということで問題になるのは、知ということでしょう。つまり、何がほんとうの事実だったのかという問い、そういう事実への問いがあります。

歴史学というようなことが成立してくる根本（歴史学というのは、歴史を科学的にみるという立場ですが）にあるのは、つまりいままで伝承されてきたようないろいろな歴史の見方とか、事実に対して何がほんとうで何が疑わしいか、あるいは何がほんとうの歴史的な事実なのかという、そういう事実への関心、ほんとうの事実を知ろうということが強く入っているのだと思うのです。そして事実というものに立脚して、事実を支配している理を知ろうとする。簡単にいうと、それは科学的という意味にもなるのですが、歴史的意識という問題の中には、だからある意味で人間がほんとうに自分の自由を実現しようとする面と、その事実を支配している理というか、法則を知ろうという、つまり知の面と、それが一つに結びついている。そういうところがあるのだと思います。歴史的意識というのは、だから、そういう自分という問題、つまり人間が自分自身にかえるという問題と、それから人間の世界の事実をほんとうに事実として知ろうという、そういう方向が一つに結びついている。世界の問題と、それから人間の主体的な、つまり自由に活動する、はたらく、action の面とが、両面一つに結びついている、そういうことです。だから、人間の行為は、いつでも知という歴史の認識というものに基礎づけられている。近代の人間が、人間というものを把握する場合に、やはり歴史の中で歴史的にみるという、前講でもちょっと言ったように、みる立場も歴史の中に入って歴史をみるという、そういうことだということです。その中にやはり、行為の面からいうと、ほんとうに自分が自分自身を実現するという面と、それから世界をありのままの事実である姿で把握し、認識しようという、そういう両方が結びついている。

事実そのものへということ、これは近代人にとって非常に大事な姿勢になっていると思うのです。それは、もう一つ最後にあげた自然科学の立場と共通している面です。自然科学の立場は、自然の世界というものに関して、ほんとうの事実を知ろうということが根本の姿勢になっていると思うのです。これは、伝統的な哲学や神学や、そういういろいろな立場からの見方というものをすっかりすてて、事実そのものにかえる、ほんとうの事実はどうだということで、事実そのものにかえろうとする、いままでの伝統的な衣のようなものをみんなはぎとって、そして端的に事実そのものを見ようということです。そして、そういう立場から、こんどは自然というものの中に自分自身を実現していこうという方向です。それは科学技術というかたちであらわれてきているわけです。技術によって自然を征服するというか、克服する、そういう方向です。いまは公害とかという、大きな問題になっていることがらですが、しかし大きな眼でみれば、人類の歴史は自然との闘いということが根本の一面になっていると思います。

自然の圧倒的な力というものに対して、人間が自分自身の生存を何とか維持していこうということです。自然というのは破壊力を示すわけですから、自然の破壊力に対して、自分の生存を維持しようとする。いまは、あまりに技術が発達しすぎたから、そういうことはわりあいに少ないですが、原始時代からの歴史を考えてみれば、それが一ばんの根本の問題です。それで技術を通して、自然との闘いにおいて打ちかつ。打ちかたなくても、自然の前で自分自身を守る、防衛するという、そういう意味をもっていたと言っていいです。それが、いわば人間の存在と自由とを確保するということである。技術とか、自然についての知識とかいうのは、根本はやはりそういうところから生まれてきているわけですから、それがだんだん発達してはじめて、人間が人間らしい社会をつくり、生活をするようになってきた。文化がだんだん発達してきた。そして、自然にふりまわされるということなしに、人間が自分の生存を維持し、しかも自分をだんだん向上させていくことができた、というふうなところが根本にあるわけです。

九

人類の歴史というものは、根本はそういうところにあるわけですが、その中で技術ということがもっている意味は根本的なものです。技術と科学（自然についての知識）とが一つに結びついて、人間の歴史の中にはたらいているわけです。このように、技術というのは非常に大事なことがらです。現代はまた別の新しい問題が出ているわけですが、そんなふうなことがあって、だから科学の立場というのは、自然の世界についての知識と、それから自然の世界に対して人間が自分の自由をどのように実現できるかということ。人間の行為 action は技術ということです。

その action ということについて、簡単にいうと、近世には三つの大きな運動がありました。一つはルターなどにはじまる宗教改革の立場。それから、歴史的意識というようなものが出てくるのは、ルネサンスを通してだと思います。そこではじめて、人間が自分の人間としての立場、人間性の立場というものを自覚してくる。そういうことは、歴史的意識ということと結びついているわけです。それから近代的な自然科学の成立。そういう三つの大きな運動が、近代をつくっていると言っていい。その中で（これ以上詳しく述べていくことはできないわけですが）全体をつらぬいてみられるのは、先にいった「自知」

——人間が自分自身の存在を自覚する——ということです。この点が、現代としては大事な点ではないかと思います。現代の問題は、そこからもう一つの展開をしているところはありますが、近代の中で人間が非常に自覚的になったということです。

これは簡単にいうと、仏教を考える場合でも、やはり「自知」ということが根本になると思うのです。しかし、それが社会とか歴史とかという現実の世界へ出てくるということが、なかなか難しいということが仏教ではあるわけです。さっきいった「良心」というようなかたちであらわれている意味の知、広い意味でのさとりと言ってもいいようなことですが、何か根本的に自分自身の存在について、これでいいとか、わかったとかというふうにして肯定できるような立場、その立場をほんとうに徹底したかたちで出してくるということが、非常に重要な要素になっている。そして仏教では、そういう立場がはっきり基礎にありながら、それが何かしらないが出てこないということです。なぜ出てこないかということについて、一つは自知という面、これはさっき言ったように、人間の自己の立場です。もう一つは世界についての知。その両面が大きく結びついている。その結びついている面は、さっき言ったような、歴史的意識ということの中によくあらわれていると思うのですが、そういう結びつきの点で、仏教はどうしても問題が残っているのではないか。

人間が人間自身として自覚されてくる立場（これはルネサンスからはじまるわけです）、

その中で人間が自由とか、あるいは行為とかいうことを通して自分自身にかえるというか、そういう方向と、それからさっき言ったように、世界を認識する、その認識の面、それが一つに結びついてはたらいているという、そういうことがあろうかと思います。自然の世界に対する科学や技術の立場でも、そういうことがある。両方が結びついているということがあるわけです。そういう、つまり世界の知ということと、それから自知ということが、からみついて成り立ってきている。その結びつきの点に、仏教はどうしても問題が残っているのではないか。近代化できない立場は、自知の立場と世界知の立場が、からみあっていない。そういうことがはっきり言えると思うのです。つまり、仏教でも良心というような自知の立場はある。しかしそれが、社会倫理ということにならなかったり、歴史的な意識にならない。あるいは科学ということと結びつかない。そういうことだろうと思います。

ですから、仏教の近代化という問題は、そういういろいろな立場を、自分の内にとり入れたかたちで展開してくるということが要求されているのだと思うのです。もちろん、キリスト教でも、たとえば神と人間との関係というものが、近世では信仰というかたちで成り立ったといわれますが、その信仰というのは、つまり「冷暖自知」というような根本の立場だと言っていいと思います。しかし、それが世界知と結びつかないというところに非常に大きな問題を抱えている。キリスト教が、近代になって次第に衰えてきているという根本の理由は、やはりそこにあると思うのです。たとえば、神と人間との結びつきということの中に、世界知の問題が入ってこない。入ってこないというか、現代的な意味で入ってこない。それはどういうことかというと、姿勢がうしろむきといいますか、神へかえるということ、神との結びつきということが全面的に支配的になるということです。そうすると、この世界の内で自分が生きているということが、何かネガティブ（否定的・消極的）にしかとらえられない。これはキリスト教でいうと神中心ということばになりますが、宗教としての立場からいえば、ある意味では当然ということです。しかし、カール・バルトの言っているような世界キリスト教の立場ということだと、下手するとそれ（神中心ということ）が、おとし穴になるということがあると思うのです。おとし穴というか、そこへおちこんで、そして神中心ということがほんとうに生きてこない。人間が神へかえるということは、それでいいのですが、それが人間としての自己中心的な立場、教団なら教団というものの自己中心的な立場ということに導かれやすいということがあると思うのです。

世界というものに対して、何か対立的に、ネガティブに見るようなところがある。さっきちょっといいましたように、教団の内部から外をみるという、ちょうど城の窓からおもてをみるというような姿勢になるのではないか。つまり、神中心ということだけだと、かえってそれが教団中心的ということになったり、その教団の中にいる人間を、ある意味で自己中心的にする。それをつまりおとし穴と言ったわけですが、そういうかたちになるということがあるのではないかと思うのです。

十

それで、そうならないためにはどうしたらいいか。自己中心的というのは、自分のうちに閉じてしまうという姿勢ですから、つまり人間が神との関係を軸にして閉じた在り方になるということです。で、そうならないためには、やはり世界という立場がはっきり出てきて、世界に開かれた立場というものがもう一つ入ってこないといけないのではないか。開くというのは、人間の自覚というものがほんとうに生きてくるためには、やはり世界のうちへ自分自身を開いていくというか、あるいはむしろ世界（自然の世界、歴史の世界）ということとの開かれた立場に出ていくということ。そこで信という立場もほんとうに生かされてくる。おとし穴のようにならないで、ほんとうに生かされてくるということができるのではないか。そういう問題があると思うのです。

はじめに言った教団と一般社会とのギャップというものが、根本的に埋められるためには、いまのように人間の歴史的な自覚の立場が、世界知と結びついたところの、「開かれた立場」というものを求めていくことが必要だと思います。

たとえば、ここは「大地の会」ということだと聞かされてきた。大地ということは、いったいどういうことなのか、どういう立場でいったい大地ということが言われているのかということを、実はお聞きしたい。これを問題にしたらいいと思っていたのですが、時間がもうありません。それはたいへん重要な問題だと思うのです。

地というのはearth、地・水・火・風の地ですが、これは「土」という問題と結びついていると思う。地・水・火・風というのは、自然ばかりでなく、世界を形成しているエレメントでしょう。つまり科学的なものであると同時に、仏教だと四大といって、真言宗などでは、それはそのまま仏のあらわれということになりますから、いろんな意味に用いられている。しかし、一応それは、考え方としては科学的であると思います。こういうことも非常に問題になると思うのです。

たとえば、死んだら土にかえるのだというふうなことが、ふつうに考えられる。それは科学的にいうと、四大が分離して土にかえってしまう。大きな自然界へかえってしまったという、そういう意味で地ということが考えられる。科学的にいうと、物質みたいなものになるわけです。はたしてそうなのかどうか。死んだら自分のからだは加茂川に流して、魚のえさにせよという、そこにはやはり土にかえるということと同じ考え方があります。土にかえるのだったら、そのまえに魚に与えたらいいという、そういう意味での死ということと結びついて、そして土にかえるという、そういう方向が一つあると思われます。それはある意味では科学の立場に結びついている。この人間のからだというのは、四大和合ということで、仮に結びついている。だからそれが分離してしまえば、もとへかえるのだという、そんな意味で、地ということがいろいろと問題にされている。

そういう考え方というのは、いのちということと結びついた立場ですが、もう一つ、土ということは、国土ということです。仏教だと仏国土、仏土、あるいはキリスト教だと天国、神の国。これはつまり、人間の存在をささえている場ということです。そこのところに非常に問題が含まれている。仏国土とか神の国というときに、どうしてそれが土といわれるのか。仏教でも仏身土というのですから、土の問題というのは、いろいろと考えられてきたようです。これはどうなんですか。穢土と浄土という。穢土というのは、人間のこのからだが生きている世界。浄土というのはそれを超えたところだと。生きている時には、どうしても土ということが必要なのですね。どんなに穢れていても、人間の存在が成り立つのには、宙ぶらりんのところでは成り立たない。死んだあとは、宙に浮いてどこかさ迷ってあるくということは考えられるわけでしょうが、生きているかぎりは、やはり足が土をふんでいるということが、どうしてもなければならない。ころんで起きるときでも、地面によらなければころぶこともできないし、起きることもできないと、禅などでよく言われますが、そういう意味の土というものがどうしてもなければならない。

浄土という場合には、天国とか神の国とかいうような、何かこの土を超えたようなところがある。しかし、そこが「国土」と言われるときには、その土はまさか文字どおりの土ではない。存在の場所という意味だと思うのです。エレメントでなしに、存在の場所、存在が成り立つ場所というような意味になってきているわけです。そういうところから、地獄というようなことも問題になりますし、天国と地獄という、そういうことが問題になってくるわけです。

十一

それから、もう一つは、たとえば地涌ということを言いますね。地涌の菩薩とかいう。『法華経』の「従地品」に、仏さまが説法されるときに、地面の下から百千億かの菩薩が涌き出てきたと。それで地涌の菩薩という。実はそれは、仏さまがずっとむかし、この世にあらわれる以前に説法されたときに、説法を聴きに集まった菩薩だということになっていいます。この世以前の菩薩ということのようです。それが、仏さまがこの世で説法されるというので、地面の下から出てきたと。

そのときの地面というのは、何かこの世界の地面ですね。この三界の地面であって、しかし、もとというのは、この世界の底から出てくる、この地の底から涌き出てくる、そういう菩薩だと。これは、天国とか浄土とかというどこか遠くにあるというようなかたちのものとはちがった考え方のような気がします。ましてや科学的な考え方だけでもない。

大地ということには、簡単にいうと、この三つの考え方があると思う。それは穢土としての土という観念とは非常にちがって、われわれが現在生きているという、その現在においてふまえているところというようなこと。生きているというときに、大地をふまえて生きていると。これは非常に前向きというか、少なくとも、できたらこの世界からどこかへ飛んでいきたいというのとは感じがちがっているわけです。

そういう意味で、西洋でも大地 earth, Erde ということが言われるときには、近代的な意味ではそういう感じをふくんでいる。ドストエフスキーとかニーチェとかというような人に、そういうことがあらわれているわけです。そのときの地というのは、むかしの伝統的なキリスト教の考え方とは、非常にちがったような感覚があるわけです。で、感覚としてはそうだけれども、それではそれを思想化した場合にどういうことになるか。大地ということは、それを考えてみるだけの値うちのある、問題をふくんだ観念ではないかと思います。

わたくしの考え方では、やはりそれは伝統的な意味の浄土とか、天国とか、神の国とかというのとは非常にちがう。もっとも「神の国」でも、イエスの説教はちがうのですね。「神の国は近づいている」というふうな。神の国がこの世に近づいてくるという。これは歴史的に「神の国の到来」と言われているのとは、だいぶちがう。だんだんのちになると、神の国というのは、天の上にあるというような、天国というような感じがしてくるのですが、そういうのとはだいぶちがう感じです。そうかといって、科学的に何か物質的な地面、ふつうの意味の地・水・火・風というときの地をひろげたような意味ともちがう。そんなのだったら、わざわざ大地なんてことを言う必要はないわけです。しかし、そういう意味が全くなくなったのかといったら、そうでもない。われわれがそこから生まれ、そこへ死んでいくというふうなこと。生まれるとか死ぬとかという両方が、その中へふくまれているようなことでしょう。そういうのはいったいどういうことだろうかという問題があると思うのです。

そういう問題は、いまは大まかではっきりしないようですが、いま言ったような自知ということ、自分の自覚ということ、それとたとえば世界知ということが統一されるという、そういうかたちで仏法ということが生かされてくる……。私が言おうとしているのは、歴史ということ、人間の存在が歴史的だという、そういう地盤のうえで、それと結びついて超歴史的であるような仏法の立場が生かされてくるということです。そういうためにはどうしたらいいかという、そういう問題と若干の連関があるのかも知れません。地とか大地とかいうことは、古い伝統的な考えではない。私自身はそこで、浄土と娑婆とか、娑婆《しゃば》即寂光土《じゃっこうど》とかいう考え方を、もう少し仏法の歴史的世界というか、歴史ということと結びつけて考えると、何か考えようがあるのではないかと思うのです。むかし流の娑婆即寂光土というのは、どういう考え方かはっきりしないのですが、もう少し新しい意味で考えることが必要ですね。むかし流の唯心論とか観念論とかというかたちとはちがったかたちで、何か考えられるところがあるのではないか。地涌という、菩薩が涌き出てきたような考え方なども仏教にはあるので、そういうこともどういうことなのか、吟味する必要がある。

なかなかまとまりませんが、これで一応おわります。

仏教の近代化ということ

近代化とは何か

一

前にもこの会でお話し致しまして、今回も同じようなことを申すかと思うのでありますが、まあ近代化ということはよくいわれることなんですが、今この会の看板に聞法の会と書かれてありまして、仏教の近代化というと何か伝統的な意味の聞法ということから少しずれている感じが致しますが、むしろ聞法以前の問題だと思います。聞法という場合の態度というか、聞法という時に聞く方の側で一体どういうことが要求されているのかという問題です。これは聞法以前の問題ですが、私自身これは聞法ということの本質に関係している問題だと思います。つまり、以前の問題がはっきりしていなければ、聞法ということも何かもう一つとどかない。靴をへだてて痒《かゆ》きをかくといったことになりかねないということがあって、やはりそういうことは伝統と近代化という問題に結びついているのだと思います。

その以前の問題というのは、簡単にいえば伝統をすっかり無視しているというか、背景にもたないで近代化ということを考えてもそれはやはりどこか筋が違ってくる。しかし同時に、伝統ということだけの中で近代化ということを考えるということは近代化ということにならないし、たぶん本当に伝統というものの意味を生かすといったことにならないと思います。要するに、伝統というのは絶えず何かの意味で近代化というか、むしろ現代との接触の点でしか本当に受けとめられないということがあるでしょうし、現代というものを、歴史の背景というものと結びつけて受けとめようとすれば伝統ということが本質的に問題になってくるということがあると思います。それは人間の歴史的な存在ということの――人間存在は本質的に歴史的だとして――その人間の存在の歴史性というか、つまり人間の存在そのものの構造ということと結びついた問題で、その意味でやはり聞法ということの一番基礎的な問題だという気がいたしますが、それだけに非常にむつかしい。正直いいましてこういう問題は私のようなもう近代化なんていったら恥ずかしい古い年をとった人間がいうより、まず若い人たちがいろいろいって、考えられ、いわれて、私の方が聞法する立場だという感じがしないでもありません。我々の方が聞かせられるということですね。他の方ではそういうことがしょっちゅう起こるわけですね。若い人たちが思いきったことを遠慮なくいわれる、もちろん遠慮なくといってもそれは何かをふまえなくてはいかんわけですけれども、若さの中には過去だけに閉じ込められているわけにはいかんものが根本にあるわけですから、竹の子が芽を出すような力をさえぎるわけにはいかない。石があっても、竹の子が斜めに出るというように、石があれば石の横からでも出てくるというようなことがあるわけで、こういう近代化という問題は、本当はそれがないと問題として活動的にならないということがあると思います。まあそういうことの一般的な問題としては以前にも話したと思いますので、なるべく重複しないようにお話ししたいと思います。

二

そこで近代化ということをあまり漠然とした形でなしに、今申しましたように人間の存在ということの問題に結びつけて（いくらか歴史性ということも入っているわけですが）お話ししたいと思います。その場合でも人間の問題というものをどこで考えたらいいかということですが、まあ信心という、信ということが一番基本的な問題と思いますが、信ということも、仏教とかキリスト教とかいういわゆる宗教の世界の一番根本的な事柄でありますけれども、事柄自身としてはただ宗教だけのことでなしに、まあ俗世間にすでにはじまっている問題、一番身近なところでは我々の日常の生活に結びついているわけでありますが、そういう日常の生活から出発して、そこで信ということがどういう意味をもっているのかということから考えていく。そしてそれが宗教的な次元にどういうふうに結びついていくのかと……。日常生活の中の事柄をつきつめていくと、つまり真理というか真実を求めていくとどうしてそれが宗教的な信仰とか信心とかというところへいくのかという問題が一つございますね。そこからやはり宗教的な真理というと何か永遠という、変わらないもの、不変の法、ダルマと申しますか、そういうふうな性格をもった事柄になると思います。そういうふうに求めていく。信ということの中には基本的に変わらないということがあるわけでありますから。ですから人間がそれぞれ身近のところでいろいろな問題が起こって、それについて何か真実を求めていこうとすると問題は移り変わって絶えず新しい問題が起こってくることがありますけれども、そういう中から真実を求めていって何か変わらないものに達しようとする。つまり永遠とか変わらないというのは、本来人間がどう考えたりどうしようとしても、要するにそれを超えて本来もともとそういうことであるのだという、そういう本来的な性格というものを持っているのだと思いますね。

しかし、そういうところへ一遍帰って、そしてそれが本来変わらないということであっても、それが逆にもう一遍身近な絶えず動いている時の流れの中へ結びついてくるという場合には、いうまでもなくそれをいろんな形で再吟味する。一度到達された、そして変わらないものとして伝えられてきている（不変のものというのはやはり伝統ということが一番基礎になると思いますけど）そういうものを再吟味するということが起こってくるのだと思います。それは時の方が絶えず移り変わるということで、そうすると変わらないものというのはやはり時の移り変わりというものにアコモデイト accommodate していくというか、それに合わせてしかも合わせながら時の流れに対して創造――何か新しいものを創り出していくといってもいいし、それから何か新しくコンストラクト construct するといってもいいのですが――流れていってとりとめがなくなるものにやはり新しい構造を与えていくという、そういう働きという形であらわれてくるということになるんだと思います。

アコモデイトする（合わせる）といっても、それは時の流れに迎合するということだと、変わらないという真理という性格がなくなるわけですが、やはり真理というものが生きた性格である時には、流れていくものに、移り変わるものに離れないでそこに構造というものを与えていくという一面がなければならないと思います。そこが非常にむつかしいわけで、昔から不易・流行ということが一つでなければならないということがいわれていますが、これは仏教でも恐らく根本の立場だと思います。真俗二諦ということでいわれていることの意味も根本にはそういうことだと思います。それが現在いわれている意味の歴史性ということで、歴史性というのはその両面、不易・流行ということをふまえて本当の意味で歴史的といえるというふうな考え方は、少し前からわりあいはっきりと打ち出されて来ている立場だと思います。特にそういうことを非常にはっきりふまえて出して来ているのはキリスト教の神学の立場だと思いますが、カール・バルトなんかの弁証法神学というふうな立場から、現在のR・K・ブルトマンおよびそれ以後のキリスト教神学というものがそういう問題をつっこんで問題にしていると思います。それはキリスト教が非常に歴史的性格をもった宗教だからということもあります。しかし、そういうことを離れて、やはり宗教というものが何かの意味でその両面がないと生きた形にならないということがあるんだと思います。

三

この歴史的ということは、ことに今いう神学での意味は、ドイツ語の区域で起こってきているという関係もあって、ご存知のように歴史というのはゲシヒテ Geschichte という言葉ですけれども、それをヒストーリェ Historie ということと区別しているわけです。ヒストリーというものはもともと話をする、いい伝えをするというふうなことですが、ゲシヒテというドイツ語はよくいわれるようにゲシェーエン geschehen という、何かが起こる、生起する、出来《しゅったい》する、何か出来事が起こるということで、英語でいうとオッカー

occur とかハップン happen あるいはイベント event という、今までにないような新しいことが起こってくる、生じてくるという言葉です。ですからただヒストリカルというだけでなしに、人間の存在そのものが本質的に歴史的という性格をもつわけです。つまり何かが現在絶えず新しく成立してくる、そういうことの中で人間の存在も成り立っているということであります。ヒストリーというと過去におこった事柄を現在からふりかえって追跡する、普通のヒストリアンという歴史家の場合がそういうことになります。過去の出来事、教え、思想、それを追跡して研究する、それも大事な学問ではあります。やはりそれがないと、現在といっても過去をふまえているわけですから、過去をはっきりさせ、正確に把握することがなければなりませんが、それは歴史家の仕事ということになると思います。しかし歴史の問題というのは複雑で、本当に過去に起こった事柄がどういうものであるかということをつきつめていくと、どうしてもその時代に生きた人間というものにぶつかるわけで、その時代に生きた人間が何を考え何を求めていたかというそういう問題になると思います。つまり同じ歴史でも人間の内面に関係してくる問題になるわけです。内面というのは人間が本当に人間として存在していたその人間的な存在というそういう問題になると思います。それに対して外面的な問題というのは、経済とか、あるいは政治（政治になると中間的になると思いますが）、まあ経済ということになるとそういう要素が薄くなって、いわば人間と人間との関係の抽象的な関係の構造とか、社会構造とか、社会の機構とか、そういうことが大きな問題を占めてくるというところがあります。まあ経済ということでも人間の欲望というものがうしろにありますから、人間を離れていないわけですが、まあ普通には精神文化などといわれる人間の内面の事柄からは少し遠いですね。

そこで歴史でもずっとつきつめていくと、やはり人間の問題にぶつかると、人間の求めていたものということになる。つまり精神文化の問題になる。すると歴史家は過去の歴史を記述するということですが、だんだん要求されてくるのは過去の人間と自分とをアイデンティファイ identify して、過去の人間になったつもりになってその時の人々、ある時代の人がどういうことを考えていたかという内面の問題にまで立ち入って問題にするということに当然なってくる。すると事柄は過去の事柄ではあるけれども、単に過去の事柄ということはいい切れない。それを理解するには現在の自分が過去のものになり切るというか、中に入って中から理解するという、そういうことが要求されてくるということですね。

そこで歴史家の仕事がだんだんヒストリーという立場でありながら、つまり過去の記述という立場から、先にいいました出来事、ゲシェーエンということの内面的な理解という立場に移ってくることがあるんだと思います。現在と過去とは時代が違っていても根本にどこか結びついてくる。まあ普通に過去と現在との同時性ということがいわれますが、そういう同時性の立場、過去は過去で現在は現在でありながら深く現在が同時であるという、サイマルテニアス simultaneous という、そういう領域が開けてくるということですね。歴史の方の側からいってもそういうことが出てくるわけですし、それから先に申しましたように現実の立場に立ってと申しましても、やはり過去とのつながりということが根本的に必要だとしますと、そのつながりの面というのはやはり今の同時性の面だと思います。

そこで現在を理解する上に過去の人々が求めたそのものの外に自分たちが現在求めているものを結びつけて理解するという、そういうことですね。そういう同時性の立場で初めて現在と過去が本質的に結びついてくる。過去が現在に結びつき、現在が過去へさかのぼって結びついていくということがいえると思います。

そういうことができるのは現在が何か求めるという、つまりただ過去によりかかっているのでなしに、前へ向いてあるいは将来を志向するという、そこで現在がただ過去でなしに現在としてあらわれている。つまり現在に生きている本当の出来事という中には、それは前向きであるというか、将来を志向しているという方向が一番根本的に含まれているということですね。まあ将来を志向しているといってもいいし、将来が現在へ影を落としているといってもいいと思います。現在の内にはいつでも将来が影を落としている。そこにはっきりと自分の存在を据えるといいますか、まあ態度ということですね。

だから過去に本当にさかのぼりうるというのは、現在からさかのぼって過去との同時性という立場がでてくるということであり、それは現在が現在になるということですね。現在が現在になるというのは、過去からのある意味の独立（ある意味のというのは相対的な独立でしょうが）ですが、過去からの独立というのは逆にいうと将来からの呼びかけ（将来からの呼びかけというのは現在に起こっている新しい問題ということ）をはっきりと、現代の問題、自分たちの問題としてうけとめるということとやはり一つで、大まかにいうと過去が将来へ向かっているということと、将来が過去へ向かって照らして究明されるといいますか、将来の問題を本当に掘り下げて究明するには、やはり過去の理解ということが必要だということが起こる、そういうことが同時性という次元ですね。ただ過去から現在へ流れて、現在から未来へ流れてという一方的な時の流れということでなしに、やはり現在を中心にして現在において将来が過去へふり向けられる、現在にいろいろ起こっている将来に結びついての問題が同時に過去へ結びつけられて、過去との結びつきの中で過去の光に照らされてくるという面、それから同時に過去のものが将来の光から照らされる、将来の光から照らされるというのは現在、過去の伝統がどういうふうに生かされるかという問題だと思います。

そういう両方が一つに動いて、一方でなしに両方きりむすんで成立しているのが現在ということだと思います。

そういう意味で人間の存在というのは、何か根本的に歴史性を持っているということです。人間が現在ここにいるといってもやはり過去と未来という、現在を通して過去から未来へということと同時に、未来から過去へという二つの時の流れが一つになってくるということがあります。未来から過去へというとおかしいようでもありますが、しかし時というものを考えるとどうしてもそうなってくるわけですね。

四

そこで人間というのがそういうものだとして、信ということですが、先に申しましたように、いろいろな宗教（仏教とかキリスト教とか）で根本的な問題になってくるわけで、多くの場合、神とか仏とかと人間との間の関わり合いの中で信ということが考えられる。しかし、それ以前に人と人との関わり合いということの中でいわれることですね。もう少しつきつめていくと、人と人とばかりでないということが出てくると思いますが、さしあたり人と人との関わり合いということです。

人間にとって現代の一番大きな問題というのは、人と人との関わり合いの中に、その関わり合いの成立する地盤というものが失われてきているというかなくなってきているという問題ですね。簡単にいうと人間と人間との信頼、人が信ぜられるということがどこで成り立つかということが非常にむずかしくなっているということです。あまりくわしくいう必要はないと思いますが、やはりまことというか、人間のまこと、至誠（儒教なんかでシセイといいますが）は人間における真実というふうなこととしてという意味ですが、まあ儒教なんかでは早くから、ことに『中庸』なんかでは人間の心の問題は、基礎的な領域では何か宗教的な領域と結びついている、そういうまことですね。まことというのは『中庸』では天の道であるということですか、人間の天性であるという考え方だと思いますが、それをまことにするのが人の道であるという、そういう考え方が基礎にありますね。

問題は人間のまことということですね。だから人間と人間との関係はまことということですが、お互い信頼できる、とことんまで信頼できるということですね。これはどんなことが起こってもその人には裏切られないというか、人間的関係において裏切られるということがないという意味だと思います。ですからその中には人としての真実という問題、信頼とか信ぜられる、まことがある、実があるというようなことがないと人間の関係が本当に人間と人間との関係にならないということがあって、いくら友達であってもいつ裏切られるかわからないという、その友達が何かの利害であるとか快楽とか、自分中心的な動機から裏切るという恐れがある場合には、本当の友達になれないということがあるわけです。

やはりどんなことがあっても裏切らないというその人についての確信がないといかんわけです。確かさ、その人の存在そのものについての確かさが自分の内にうつっていないといかんと、それはお互いにそうだということです。簡単にいうと、それぞれの人間がそういう存在の確かさを自分の内にもっている、主体的にそういうまことをもっているということで、それはたとえば乙がどんなに社会から批判されても、人間ですから誤りはあるわけでどんな誤りであっても、根本のところではその人を信頼しているというか、乙を疑わないということですね。甲なら甲という人が乙という存在に対して一つの確かさを持っているということがあるんだと思います。それはやはり乙という人が甲という人に対する立場、態度の中で裏切らないという何かを持っている。お互いに真実を持っている、信頼できる、相手がその人を信ずることができるということです。甲が乙に対して信頼していることが、また乙も甲が自分を信頼してくれているという確信となってくる、そういう相互的な確信ということがあるわけですね。そういう確信ということの中には関係というか、契ということでもいいですが、アンガージュマン engagement、英語でいうとエンゲージ engage ということがあります。つまり約束ということですが、それはやはり結びつきがただの関係以上にもっと内面的なことですね。日本語でいうと縁ということをいいますが、それもただの偶然的な関係ということでなしに、起こるのは偶然性ということがいえても、何か真実のところでは偶然ではないという感じですね。偶然的であって同時に偶然的でないような、宿縁があるとか、前生からのえにしというように、単に現生だけでないようなことが出て来たりする感じがありますね。袖すり合うも他生の縁というように、縁あって夫婦になったということでも、根本には人間の存在と存在との根本的な結びつきということがあるんだと思いますね。

縁というのは仏教の言葉かも知れませんが、問題は仏教だけの問題でなしに、もっと一般的な人間という存在そのものに関係した言葉ですから、昔から結婚というようなことでも神の前で、神前で結婚するということが本当の意味をあらわしていると思います。現在のように契約的な何か人間の意志ということだけでなしに、もちろん意志ということも入っていますが、ただ意志というだけでは必然性がない。たまたま出会ってめいめいがよかろうということで結びつくということでなしに、本当の人間と人間との結びつきにはもっと根本的な変わらない、結びつきの不変性ということが要求されて来て、そこに神の前でということがあるわけですね。そういう場合、神というのは、人間が存在の根源にかえって約束すると、そこで夫婦の約束がされるということですね。存在の根源といえば、神の前でというふうな開かれたところでの、そこへ帰っての人間と人間との結びつきというような意味ですね。存在の根本にあるというような一種の開け、存在がそこからゲシェーエン geschehen して来ている一番根本の場、そこへ帰ってそこのところでお互いに結びつくというような意味の約束というか、契約という性格があるんだと思います。そこまでいくとやはりそれは宗教的な意味をもってくるわけですが、今の問題はそこにあらわれている形の人間の信頼性、それは宗教ということでなしにいわば社会倫理ということですが、しかしそういうことが基礎になくてはならないような気がします。

他への信頼ということは自分のもっている確かさというか、自分を信ずる自信ということと結びついているわけです。他の人が自分を裏切らないという自分に対する決意、確かさというものを含んでいるわけです。他への信と自信ということが一つになっているわけですね。自分自身に対する信だけだと普通の意味でいう自信で、ひとりよがりというか自信過剰ということですが、そうでなくて他への信ということと一つに他を信じうるということが、他との結びつきが本当に成り立つということにあるわけですね。他への信は自分と他とを容れる、他を容れうるようなひろい心というか、自分の中で他者を他者として生かすことができるというような一種の開けた心を自分の内に含んでいるということですね。

仏教的にいう無我といいますか、自己中心的でなくて、むしろ他者中心的といった方がいいような開け、開いた心というものを含んでいるということです。

だから自信といっても自己中心的でない。かといっても自分の中に確かなものがある。

主体性ということがなくてはならないが、その主体性は同時に無我という性格を持っているという意味ですね。主体的でありながら同時に他者をして他者たらしめるというか、他者をそのまま受け容れるということができるというひろさを持っているということですね。ですから無我とか、自他不二という言い方が昔からあるわけです。

そこのところで信ずる、信ということが人間の真実である。また誠であるということがいえるわけですけれど、その場合の人間ということは人と人との間柄ということですが、間柄でありながら同時に各自が本当に主体的である。主体的であるというのは各人が各人であるということです。AはAであり、BはBというそれぞれが確かさを持っていることにおいて、Aの中でBが生きてくるということが成り立つわけで、それぞれが無我的主体性であるといえばいいかと思います。そういうことが自他不二ということでしょうが、自他不二という立場はAは本当にA自身であり、BはB自身であるということだと言いかえてもいいかと思います。

そういうことで初めて信ということが成り立つ。だから信というのは自他の関係で他を信ずるということですが、他を信ずるということの中に、自他不二ということをふまえた自信ということが成り立つということですね。

五

ところが人間疎外ということがいわれるように、そういう関係が成り立たなくなってきているということがあるわけですね。疎外の状況ということが現代の人間の根本問題になっているということです。疎外の状況というのは人間関係が成り立たなくなったということですが、だから各人が本当に各人自身に成りうる場が開けていないということでもあるわけですね。

そういう問題は、「我《われ》と汝」ということで論じられているわけですが、その我と汝ということは、私が本当の意味で私でありうるのは、相手を本当に汝として受けとめることができるということですね。汝という主体的なものとして汝を受けとめることができることにおいて、初めて自分も主体になれるということですね。

そういう存在の場というのはどういうのかというと、いろいろ問題が出て来るわけですが、まあ哲学的な問題といえるかもしれません。大乗仏教だと三論とか唯識《ゆいしき》とか天台とか、インドから中国にかけて展開して来た仏教の中には哲学的な要素が入っているわけです。哲学的な要素といいましても仏教という中の思想ということですから、西洋哲学のような哲学ということとは違いますが、それにしても哲学の問題ということが非常に入っているということが出来ますね。

そこで例えば、有とか無とかいう哲学的な問題、今でいう有論とか存在論と呼ばれる問題は、西洋哲学でもやはり中心的な問題だといえる。そういう問題には今立ち入れないのですが、人間の存在といっても、存在として人間が成り立っている問題として考えることができるわけです。その場合の人間の存在というのはどういう存在かというと、やはり我《われ》ありという形であらわれている存在、アイアムI amというそういう在り方が人間の存在の姿ですね。それは机があるとか松があるということとは違ってI amということですね。いいかえるとひとりひとり、個、まあ主体的といってもいいでしょうが、存在が個であるという在り方ですね。我というのは我一人という性格が強いわけで、他からは理解できないということがある。隠れているところがあるわけです。人間の存在というのは根本に隠れているところを持っているということですね。そういうことは我々の生活の中にいろいろあらわれているわけで、見るとか聞くとかということでも、また昔からいう冷暖自知というように、感覚でも自分でないとわからないということがあるわけですね。水でも飲んでみないと暖かいとか冷たいとかいうことがわからない。それはやはり、身体ということと結びついていて、身体ということとI amということが結びついている。ですから身体というのは物体ということと一緒にはできない。それは人間に一番よくあらわれているわけですが、人間に限らず生物、仏教でいう衆生《しゅじょう》という場合にでも、やはり身体ということが問題になると思います。それが物体でないというのは、身体がそのもの自身、存在そのものをあらわしているということがあります。人間では身体がそのもの自身であるということです。

例えば相手が殴ったという時に、二つの物体がぶつかるという物理現象というだけのことでなくて、おまえが俺を殴ったということになるわけで、その場合、相手はもう一つの物体ということでなく汝ということになる。そこに我と汝という関係が成立する。

人間の身体が単に物体というだけなら、それは物理学だけの対象ですが、人間の場合はそうなり切れない面がある。ですから、身体という在り方の中に我とか汝という性格があらわれているわけですね。また同時に物体という面もあるわけですからつまり両面をもっているわけです。人間はお互いに身体としてあらわれているわけで、そのことを抽象していえば物体としてみることができるが、そのあらわれているということが大事な点で、お互いに相手が居るというようなことも、そこにあらわになっていることがあるからです。身体としてお互いが成り立っていると申しますか、相互に自分をあらわしているということですから、関係の場といっていいかも知れません。それは存在論的な意味でいっているわけです。

しかし身体があるという場合には、先に申しましたように我ありということと結びついているという面からいうと、あらわれていながら、あらわれていない面をもっている。身体としてあらわれていながら、我《われ》ありという面からいうと根本にあらわれていないということがある。それは見るとか開くとかという身体と結びついていながら、そこに心というものがまた結びついていて、従って身体として成り立つ時には心と切り離せないということです。その心という面では自分だけにしかわからないということが根本にあるわけですね。

その自分だけにしかわからないというのは、個である、自分一人ということがあるからです。それぞれに絶対に一人であるということですね。身体ということにそれがあらわれているんです。そこでおまえが俺を殴ったとかという自他の関係が身体を通して実現されてくる。リアライズ realize――実在化されてくるということがある。どこまでも隠れたものを残しながら人間がそこにあらわれている。本当に隠れたものを含むものとして、自分を他にあらわにしている。もし隠れたものがないと、自分というものがなくなる。人間の中にはどうしてもあらわにできない隠れたものをもって、そして自分をあらわしているという矛盾したものがあるわけです。そうでないと人間の自他ということが身体としてあらわれながら、しかも我と汝という関係として成り立っているということがいえないわけです。

いまいったような問題は身体ということと結びついて出てくるわけですが、根本にはやはり主体的というか、めいめいが個であるということと結びついて切り離せないということです。

信ずるとか信じないということも、人間の場合だとそういうことで問題になるんだと思います。

六

身体ということをはっきりしておかないとどうもはっきりしないということがあってお話ししているわけです。

人間関係ということで、その中で信頼ということが大きな問題になるとか、それがなくなると人間疎外ということが起こってくるということですが、なぜそういうものがなくなってくるかということですね。どこに人間関係というものがくずれてくる原因があるかということです。そこで人間をどういうふうに見るかという見方の問題ですが、身体ということを持ち出してみたのはそういうことと関係してでありあます。しかし同時に、存在とその存在の場ということが切り離せないということがあるからであります。

先からひらけということを申していますが、今の場合でも、個々の人間の存在の問題と、間柄といってもいいし、人間と人間との関わり合いということでもいいですが、そういうことは切り離せないということです。我と汝との間の問題にはそういうことが含まれているわけです。そこにやはり存在と存在の場の問題が含まれている。場の問題というのはひらけですね。自分の存在というのは存在の場をもっていて、その場というのは今の場合ですと他の人と一緒に自分があらわれるという、そういう「共に」ということですね。「共に」ということが成り立つのは存在の場だということですね。本当の「共に」ということは自分が本当に自分自身であるということでしか成り立たない。友達ということでよくいうのですが、親子でも、夫と妻でも、また昔でいうなら主従の関係でもどんな場合でも、人間の関係というからにはどこか友ということがある。親と子ということははっきりしなければならないが、それがはっきりするためには同時に友ということがなければならない。人間と人間とが共にあるということですね。同朋の朋ということでもそうですが、「共に」ということは人間の存在の基礎構造をなしている。個別的で絶対一人であるということと「共に」という「共在」ということが一つに結びついているということですね。一見矛盾しているようですが、その両方が成り立たないと人間の存在ということが成り立たない。ですから根本構造に絶対一人であるということと「共に」ということ（共存というより共在といった方がいいと思いますが）、そういうことが同時に成り立っているわけですね。それを普通矛盾と考えるのはどこか分別的な立場に立っているからでして、ではそういう構造がどういうものかということを問題にしてみるということなんです。

そこで存在ということと場ということが切り離せない、存在というのは存在の場ということと一つであるというのは、存在の構造の中に場という性格が入っているということですね。いまいっている範囲では、人と人との関わり合いが成立する、そういうひらけということですね。これはいろいろ考えられることなんですが、いま問題にしていた限りでは、倫理なんかでは心の問題ということに根本はなっていくということですね。人間の主体的な在り方ということになっていく。そういう場というのは何かということです。つまりそこでは主体的なものと主体的なものとが互いに出会って共にあるという、そういう主体的なものの成立する場というのは、普通考えられる場の観念と非常に違っていると思います。普通だと空間みたいな広がりということでいうんでしょうが、いまいっている場というのは一人一人の心の中に現われてくるような、心のひらけという性格をもっていると思いますね。つまりAの内にBを生かす、BがBでありうるような場がAの内に開かれており、またBの内にはAがAとしてありうる場を開くというような、お互いに他を映しあうような場ということですね。それはやはり場自身が主体的な性格を持っているんじゃないでしょうか。そういうのが心ということでいわれるんだと思います。場が心という性格をもち、心が場という性格を含んでいるということですね。ただその場合、心というのは身体ということと結びついているということだと思います。

根本の場の問題というのは、身体といっても自分自身という意味、わが身という時の身というと、身体であって自分自身という性格をもっているわけです。これは重要な概念なんですが、これはまた次の時にお話しするとして、まあ存在の場が土という性格をもつということですね。仏教でいうと、国土、仏土、仏国土という形で出て来ますし、キリスト教だと神の国ということでいわれます。

仏土とか国土という概念、これはやはり身と土とが本質的に結びついていて、仏身ということを考えれば、やはり仏とその国土とは切り離せないものとして考えられてくる。仏の存在そのものと仏の国、仏土とが結びつけられている。場合によっては、菩薩が仏になる時に、同時に自分の国土を建立するというか仏土を建立するということがいわれますね。そこにはやはり仏に成る、仏として成り立ってくる、仏が仏である本質的のところにといってもいいんですが、そこに土という問題があるんですね。それは衆生の側というか、宗教の出て来る根本のところで問題にしてみると、人間の存在というのは場をもっているということなんですね。いま人と人との関わり合いという（これを関係というとどうも個々のものがあってそれが関係するという考えになりがちであまりふさわしくないと思います。むしろここで関係という場合はそれぞれの個よりも関係の方が重要だという意味があって、個々のものがあって関係が成り立つというのでなしに、もっともどちらが先にというわけではないのですが、個々のものの中に互いに関係しなければ個々が成り立ちえないというふうな関係ということですね。）ことが場ということなんですけれども、それがやはり土という意味を含んでいるということですね。

七

そこでやはり根本は心という問題だけれども同時に身という身体ということが問題になるわけで、身心という両方が一つであるような形で問題にしなくてはならんのだと思います。心も身もどうもあいまいでもっと吟味していく必要がある問題ですね。人間を考える時に身心一体ということで問題にしていかなくてはならんのですが、そこに土という問題が出て来るわけです。するとまあいろんな問題が出て来るんですが、例えば、社会、社会的ということですね。これもあいまいな言葉ですが。家ということも問題になるし、国、国家ということも問題になりますが、家でも国でもない社会ということが問題になります。

昔からの思想あるいは社会科学とか社会学という段階でも、家とか国家というのは共同体、ゲマインシャフト Gemeinschaft ということですが、それと違っていわゆる利益社会というもの、ゲゼルシャフト Gesellschaft という訳ですが、そういう区別をされますがこれはやはり重要なことですね。人間疎外の問題でも家庭が崩壊する、親子の断絶とか夫婦の問題とかいろいろな現象がありますが、根本は家庭の中の人間関係の問題で、お互いに信じられなくなっていることですね。それから国という観念が希薄になっているという問題もあります。そういう反面に社会ということが非常に大きく浮かび上ってきているという現象、これは一体どこから来ているのかということですね。

社会ということは、社会科学とか社会学というように、広い全体を含めていわれるわけですが、狭い意味ではいわゆる家とか国とかいう共同体と違って、個人と個人との結びつき、まあ基本的人権をもったものとしての個と個（その場合には人間の絶対の主体性ということは基本的な権利ということで代表されているわけですね）との結びつきは契約という形であらわされているわけですね。そこでは、家とか国の問題は考えられていないところがあるわけですね。そういうことが出て来たのは社会科学の成立してきたこととか、科学的な見方ということによって出て来ていると思われるのですが、それでいまもう少し違った見方ができないかと思うわけです。

たとえば身体ということを考える時に、物体とか物質的な事物として考える次元は確かにあるわけですが、それだけ抽象してしまわないで、人間の関係は身体ということを離れてはないと同時に、身体の関係が人間関係でもあるということですね。そうでないと、親子の血のつながりとか、夫婦の関係が人間の関係だということがはっきり考えられなくなる。人間の関係という時に個人だけの立場、個人と個人がまずあってそれがあとで関係するという考え方（その時の関係の内容というのは基本的人権という権利ということですね）であれば、もう親子とか夫婦という関係は本質的にはその考え方自身の中で殺されているという感じがします。科学という見方は大体まあそうですね。しかしもう少し違った考え方は出来ないものだろうか。

それは一方では身体ということ、またそれと結びついた形で心ということの問題ですね。そして身体と心をもった人間の関係の場として土といわれるものの問題ですね。国とか家とかというものを考える時にはやはり土ということと結びついてくると思うんです。宗教的人間関係というのはその方向で成り立って来ているので、仏の国とか神の国ということが出て来るのは、人間自身の存在が何か身とか心とか土とかという人間の存在の場としての国土という意味をもっているからで、そこのところを現代もう少しはっきり出来ないだろうかということですね。

仏教でいうと国土という問題、あるいは浄土の問題ということでもあるわけです。

八

まあ人間の関係というのは倫理の関係としてふつう考えられて、それが本当に確かさをもつためには、真実、真——まこと、誠——ということをふまえないと、信、信じあうということも成り立たないということですね。そういう信というものは、移り変わる人間関係の中で変わらない人間関係である。変わらない人間関係というのは一人一人の人間が滅んでいっても、その間に成り立った友としての関係というか信頼関係というのは残るものであるということがいえますね。それは時の流れというものを超えたところで初めて成り立つということが出来るわけですね。そういうことから例えば昔から「仏性《ぶっしょう》」といわれているように、衆生——いまの場合人間ということですが——の中にどこか変わらないものがある。そこをふまえて仏性ということがいわれているのではないか。「一切衆生 悉有仏性《いっさいしゅじょうしつうぶっしょう》」と『涅槃経《ねはんぎょう》』にいわれていますが、そのこともいろいろ考えられるわけですけど、ふつうにいうと一切の衆生は悉《ことごと》く仏性をもっているということですね。それから如来常住であって変易《へんにゃく》なしということもありますが、移り変わることがないということですね。そこにちょうど変わるものと変わらないものとの切り結ぶところがあって、その切り結ぶところに仏性ということが考えられているのです。仏性は如来常住の性という一面と、それが一切の衆生において具わっているということがいわれるわけですが、では一体「悉有《しつう》」ということはどういうことか。もっているということはどういうことかということですね。もっているというと表面的になりますが、仏性ありとか仏性をもっているということがどういうことか。つきつめていくと道元なんかでは独自な解釈をしていて、「悉有は仏性なり」という考え方をしています。それから浄土教ではどうなりますかね。機法の問題とか南無阿弥陀仏の問題とかはやはり悉有の有というところから出て来る問題じゃないかと思います。

仏性の問題から「土《ど》」という問題、先ほどから申しています衆生の存在とその場ということが考えられてくると思います。「一切衆生悉有仏性」という場合に、「仏性」ということも「悉有」ということもいろいろ考えられますが、やはり仏性ということがないと本当の人間関係が成り立たない。本当にお互いが信頼されるとか、それぞれが真実であるということはそれは人間だけのことじゃなしに、仏性ですね。無我の主体性の方向で考えられる。主体的であるがどこまでも無我であり、無我であるけれどもどこまでも主体的であるというふうなことで考えられるとして、その仏性の場で土《ど》の問題が考えられないだろうかということですね。「仏性即ち如来なり」とか、また「大信心は仏性なり」ということがいわれますね。やはり信ということは人間の主体性ということをぬきにしては考えられないし、まただ主体性、つまり自力と考えられるような主体性の問題だけじゃなしに、根本はまあ他力といわれる性格をもっていると思います。

とにかくまあ親鸞の立場に即して考えると、「大信心は仏性なり」、「仏性即ち如来なり」ということで土《ど》の問題がもう少し考えられないかと思うわけです。

浄土ということも、ただ空想的に遠く離れたものとして考えるのでなしに、穢土《えど》とは絶対的に違うが、しかし絶対的に違うがゆえに穢土が成り立ちうるんだということですね。救うとか救われるということもどういうことかということを考えるんですが、ここで安心が成立しうるんだというその境目の切り結ぶところから、浄土・穢土と二つに分けられますけれども、どこか結びついている。二つであって一つに結びついているといえますね。その結びつきがないと穢土とか浄土ということもいえないわけで、浄穢ということが照し合って結びついているといえますね。そこのところで人間の存在が考えられないだろうかと思うわけですね。

近代化ということですけれども、仏教の場合、存在とその場という、仏教的にいえば仏土とか浄土とかいう問題を考えねばならないと思います。近代化といってもただ新しくするということではなくて、現代の問題を通して浄土なら浄土という意味が意味ある形でどこにあらわれるのかということになるかと思います。

「個」からの出発

一

昨日は近代化ということについて、話の糸口として人間関係ということ、普通にいう「我と汝」という関係、ある意味では主体と主体との関係ということを問題にしたつもりですが、その要点は主体と主体とが関係するということにどういう問題が含まれるかということですね。人間の存在ということの中に、ある意味で絶対的に一人ということ、一人一人がかけがえのない存在であるという性格をもっている。本当の意味の個ということがそういうことですね。普通そういうことをいう場合に西洋では単独者ということがありますね。これはキェルケゴールの言葉ですが、キェルケゴールは実存とか主体性、つまりエグジステンス existence とかサブジェクティビティ subjectivity とかを強調して、その存在が実存という意味をもっている、そして実存ということが主体性という立場だといったわけですが、もっとも実存とか主体性という言葉はよく使われていてごくありふれた言葉だったわけですけれども、キェルケゴールは自分の思想からその言葉に特別な意味を与えたわけです。というよりその言葉からその言葉のもつ本来の意味を引き出したといった方がいいですね。例えばエグジステンスという言葉は日本でもよくいわれて、昔から現実存在という意味で使われ、現実の世界にあるものということですが、そういう現実の世界にあるということをつきつめていくとどうなるか、というふうなことですね。そこにはやはり個、個としての個という、絶対的な個という他のものとまじらないで純粋な個としてあるという在り方が、現実にあるものの在り方であると。そしてそういうことが一番はっきりあらわれているのが人間においてであると。人間において本当に個ということがはっきりしてくるということですね。

しかし、現実にあるものは個的な存在であるということは誰でも昔から知っていたわけで、ギリシアの昔からアリストテレスやプラトン以来問題になっていたわけですね。一体あるということ、あるものということはどういう性格をもっているかということで、その際に現実にあるものは一つ一つ個であるという個別性、シングラリティ singularity という性格をいつも具えているということが一つと、それに対して普遍性、ユニバーサリティ universality ということがありますね。これはすべてただ個としてあるというものは一つもないんで、すべていつでも個が何ものかとしてあるということです。何ものかとしてあるということは、個に対してこれは何だと問われた時に何々であるというふうにして答えることができるものということですね。例えばこれは机であるとか、紙であるとか、人間であるとかということですね。これとかあれというのは個を指しているわけですが、それに対して何々であるというのは個だけでなしに、人間だったらいくらでも不定数があるわけですし、机でもそうですね、机というのはいくつもあるわけですが、そういう人間とか机という、特定の個に限らないでいくらでもあるものということです。そういう両面をもっているということが大事なところで、我々がものを考えていく時の基本の方則ということに結びついているわけです。

例えばAはBであるという時に、Aは主語でBは述語ということで記号ではよくSとPということを使います。そういうのを判断というわけですが、そういう判断ということが我々がものを考える時の基本なんですね。これは何かと問われると何々であるということが基本ですね。これというのは個別であって、何々であるという述語に当たるのは普遍ということですね。

大事なことは、ものがあるという「有」はどういう形をもって成り立っているかというと、個別性と普遍性との関係ですね。まあ論理というのは我々がものを考えていく場合の基本的な形式である判断というものをあらわしている。一方からいうと我々がものを考える形式であるということですね。同時にそれは存在しているものを開いたといいますか、分析して有を開示したということで、あるものを開いてみるとそれは何々であるということになって、そこでは個別と普遍との間のつながり、有の構造を示しているといえますね。個別的なものが普遍的なものであるという構造を開き示しているということですね。

つまり論理ということの基本的な形式というのは、存在の構造を開き示すと同時に、我々のものを考える時の基本的な形式でもあるということですね。ある意味でものを考える側と考えられる側、主観と客観の側が接触するというか、両方を同時に示しているようなものとして論理というのが展開されているわけです。一方では我々の思惟の問題であると同時に、存在の問題でもあるというその両方にかかることとして論理、理ということですね。西洋の言葉でロゴス Logos ということがありますが、それはものの存在の理法であるという意味であると同時に、思惟、思想の法、判断の法、論理の法、あるいは言葉の法というういろんな意味をもっているわけです。東洋でいうと理、理法にあたる意味ですね。理とか理法といっても、それは考えるとか話すという意味も含んでいるわけですね。日本語の場合でも「のり」という言葉がややそういう感じですね。「のり」というと法則であると同時に何か語り出すということがこめられていますね。

そういうところでもやはり個別ということが問題になっていて、個別といってもそれは何か普遍的な在り方をしている。存在の形というものがあって、その在り方、机なら机、松なら松という普遍的な形、在り方をしているわけですね。ですから個別と普遍的な形が一つになっているということが考えられている。

ところがキェルケゴールが単独者といっているのは、こういう見方を超えてということですね。つまり理というか我々の分別的な思惟の立場でものを見ている限り、ものの実相というか本当のものの現実に在る有ということはとらえられないのでないか。それはどこまでも普遍の立場でものを見ていることだから、普遍のところへ移してものを見ているんだと。本当の実在ということにまで徹底しようとすれば、理のところを離れて個が個であるというところで考えなくてはならない。個が普遍であるということは大事なことで、我々が知識するというのはそういう形なんですけれども、そこを一度ぬけ出してみないと本当の実在ということが考えられないということですね。そこのところでは個が普遍だということではなくて個がやはり個であると、先ほどかけがえがないということを申しましたが、そういう性格がそこではっきりしてくると思います。そういうことをはっきりあらわしているのが人間であって、我ありという言葉であらわしているようなことですね。我ありというところに絶対的な個、現実の現実性そのものに足を踏まえた在り方を示しているといえますね。

そこでエグジステンス・現実存在というのはいつでも個だということだが、それを普遍ということと結びつけて考えているそういう理の立場を切り離して、東洋的にいうと事の立場を徹底して、あるということはどういうことかを考える。すると徹底された形で考えられるエグジステンスということをよくあらわしているのは、今いったように我とか自分、セルフ self ということです。それをサブジェクティビティ、主観性という言葉であらわしています。先に論理の形式のところで主語・述語をSとPという記号で示すといいましたが、Sというのはサブジェクト subject ということでやはりつながりをもっていますね(Pというのはプレディケイト predicate、述語ということです)。そういう個の立場というものは、人間の存在ということによくあらわれていることです。かけがえがない、一人一人のものということですね。キェルケゴールはキリスト教の立場ですからそういうことが成り立つのは、それは神という絶対的なものの前に人間が立った場合、絶対的なものに人間が直面した時であるとして、それを絶対的なものに対する絶対的な関係と呼んでいますね。なぜかというと神とか絶対的なものに対して人間は必ずしもいつも絶対的に関係していないわけですね。例えば神というものも社会習慣みたいなものに入ってしまって、何か社会生活の中で神を信仰するというかいろんなことが起こる。そういう時は個という、我一人という立場を離れてしまって、もちろん自分というものはあるでしょうが、しかし自分が本当の自分にかえってということから離れてしまっているところがたえずある。それで、絶対者への関係というのは相対的な関係でなくて、絶対的なものにふさわしい関係というか、絶対的なものへの絶対的な関係ということですね。絶対的な関係というのは個が自分一人という立場に立った時だと、逆にいうなら我一人ということがいえるのは絶対的なものとの関わり合いにおいてはじめていえることであるという意味ですね。

　そんなことでそれまで使われていた実存とか主体性という言葉がキェルケゴールにおいて重い言葉として使われるようになったわけですね。別に新しい意味を加えたということではなくて、すでに初めから含まれていたが取り出せなかった意味をはっきり取り出して来たということですね。そういうことをキェルケゴールがなしたことは、やはり現代批判というか時代批判ということがあると思います。criticism of the present age ということですね。そしてその中には両面の批判ということがあって、表側では時代批判ですが、裏側ではキリスト教自身への批判ということがあるわけです。キリスト教がそうなっているから現代がこうだというような。ですからキェルケゴールの時代批判ということは、時代をふまえながらその時代におけるキリスト教に対する批判であったということですね。それで、昔から使われて来た言葉の中から新しい意味を取り出して新しく生かす、重要さを与えるということはやはり時代批判というか現代の社会への批判ということであり、そのためにはキリスト教は何をしたらよいか、また逆にキリスト教は何をしていないかというキリスト教への反省とが結びついているんだと思います。

二

そうしたことをふまえて「我と汝」というような主体と主体との関係がどうなっているかという問題を出して来たのはマルチン・ブーバーという人ですね。我・汝ということを主体間の関わり合いとして出して来たわけですね。そのことが成り立つのは、先に申しましたように、徹底的な個の立場がなくてはならないし、一方では単なる個だけでなしに、個の絶対的な否定——まあ無我という——の立場ということが考えられるわけです。主体性というと自己が自己自身である、自己自身に成るとかということですが、また一方では無我という面もあるわけで、我と汝ということでも、汝ということが同じ主体性として我と結びついてくる、あるいは自分の存在の構造そのものの中に他者との関わり合いということが入っているということがあるわけですね。前に申しましたように、共にということとか、同行とか同朋といってもいいでしょうが、そういう在り方というのは開いた立場ですね。それに対して個というのは自分の内に閉じた立場、どこまでも隠れた、顕《あら》わにならないところがあるということです。

しかし繰り返して申しますと、隠れたところがありながら同時に開いた面をもっている。隠れたものでありながら、同じ現実の世界に関わり合って、共に存在している形ですから共にとか、もろ共にという複数の形をなしている。ですから絶対の単数と絶対の複数ということは一つである。絶対の一ということと絶対の二ということは一つである。絶対のというのは本当のということです。仏教で自他不二ということもそういう問題だと思います。人間の関わり合いということはそういうことで考えられるんだと思います。

そういう関わり合いというのは、キェルケゴールでもブーバーでも、一番問題がはっきりしているものとしてあげたわけですが、いずれも宗教的な次元を背景にもっているんです。キェルケゴールの場合はキリスト教ですし、ブーバーの場合はユダヤ教の伝統の中にあるハシディズム Hasidism というものを背景にしていて、まあ神というものを背景にして考えられているわけですね。

こういう問題はいろんな形で昔からずっとあるわけなんで、以前にも申しましたように良心という問題もそういう問題と関係してくるんですね。良心という問題でも根本には人間が個として自分自身であるということと結びついていて、良心というのは他の人が知らなくても自分だけが知っているところがあるわけですね。つまり良心が許さないとか良心が咎めるということをいいますが、それは他の人が知らなくても自分だけが知っているということですね。良心というのはそういうことで、普通は倫理とか道徳ということですが、自分だけが知っているということですけども、昔は天が知るということをいいましたですね。「天知る、地知る、我知る、人知る」といったような「天知る」ですね。

良心といった場合に、どこか自分にやましいところがあるとか、落ち着けないとか、安心でないということですけれども、それは他の人は全く知らないで自分だけが知っているというようなことですけれども、同時にそれをつきつめたところで「天知る」というところがあるんですね。自分だけが知っているというのは隠れたところですが、天が知るというのはその隠れたところがやはり開いたところで成り立っているということだと思います。他の人間にはわからないが、天というような絶対に開いたところでは隠れたところも出ている、あらわれているというところがあるんですね。そういうことが人間の存在の中にどこかあって、それを良心ということでいっていると思うんです。

それは別に「天知る」というようなことでなくても、例えば今はどうか知りませんが職人気質というようなことでも、たとえ損をしてでも自分の気がすむというか納得するような仕事をするということがありますね。今は何となくたとえ契約してでも少しでも安あがりにして手をぬくといったような風潮があるようですが、職人気質というのはそうでなくて人がそれでいいといっても自分が納得するまで仕事をするという、そこには建てる家と自分が一つになっていくというところがありますね。自分自身に対する肯定と、建てた家に対する肯定とが同時に成り立つところがあるわけです。ですからこれは自分が建てた家だから見てくれというように、家を見てくれれば自分を見てもらえるという、家と自分とが一つになるようなところがあると思います。それが良心ということですね。それは別に職人に限らずどんな人でも仕事をもっていますから、仕事を通して自分が表現されてくるということがあって、家庭の主婦にでもどんな場合にでもいえることですね。

いいかげんにやっていても社会で通用するかも知れないが、それでは自分がすまぬとか自分自身のためにならないというようなことの中に、実存とか個というようなことがいわれて、昔からの言葉だと良心というようなこと、「おまえはそれでいいのか」という声が自分の中から聞こえてくる。存在の底から咎《とが》めてくる声がなくなった時に初めてそれでいいということがいえる。ソクラテスはそういう咎めてくるものをデーモン Dämon といって、そのデーモンが何もいわなくなったときにそれでいいというようなことをいっています。ですから「汝自身を知れ」という言葉でソクラテスはいうわけです。汝自身を知れというのは、自分が自分になるということで、その場合「知」ということと「存在・有」ということとは一つですから、存在が自分自身になることであるといっていいわけです。こういうことは東洋でもずっといわれて来たわけですが、何かそういう根本のところがはっきりしなくなってきたということがいえると思います。ですから、職人でも家庭の主婦でも我々でも根本の中核になるところがどこかへ行ったということがあると思います。

とにかく個自身であるということと他者との関係が本当に成り立つというところがある。大工なら家を建てることを通して、雇主と自分との関係が建立されてくるということがあるんですね。それが金銭の利害とかつらいとかいうことで打ち切られてしまっているんです。それでも社会的には通用するということですが、それでは本当に個になり切っていないというところがあるわけですね。そこに良心ということがいわれてくるんですが、良心という時には何か宗教的なものへのつながりがあるわけで、別に職人の人は「天知る」なんてことはいわないですけれども、しかしやっぱりそういう人は聞けばわかるという宗教的なものへのアプローチというか心構えが出来ているという感じがします。先ほど申しました人が信じ合えるということもそこまでいかないと出来ないんではないかと思います。

三

それが失われて来ていると思います。そういうことがなくなって来た一つの面として、ものの見方、人間が人間を見る見方を含めて、今までいって来たことと違うような立場が出て来ていると思いますね。それはやはり科学という言葉で代表されることだと思います。それはいろいろな問題を含んでいて簡単にはいえませんが、単純化した言葉を使っていうと、サブスタンス substance ということとファンクション function ということが対立的に使われますが、そういう言葉を手がかりとして考えていったらいいんではないかと思います。サブスタンスというのは実体ということで、それに対してファンクションというのは機能ということですが、ファンクションということで代表されるものを科学ということと結びつけて考えようとするわけです。

今までのことと関連して申しますと、個ということ、普遍というか、形相という——形相というのは例えば万物に対して万法というような感じで、存在を支配している法ということに属している言葉で、普遍的なもの、個々を統一しているようなものということです。ものは雑多で一つ一つ沢山あるけれども、そこに筋道がある、雑多なものをくくるものがある、松とか机とかというくくるものですね。我々はものを見ている時にそういうことで見ている。我々の経験はそれで成り立っていて、ただ雑多の世界だったら生きていけないんでそこに筋道がある、統一点があるということですね。我々の判断というのは視覚と結びついて働いているんで、見る時に知を含めているということですね。

例えば鶏がいるとして、これは何かというと鶏であると、また鶏は何だというと鳥類であると、またもう一つひろげてこれは生物であるとかという考え方が一つありますが、それに対して、これは鶏肉であるという考え方がありますね。肉といった時には具体的な個としての鶏ということでなくて、食料としての肉として鶏を見る、動物蛋白であるという考え方をするわけですね。牛の場合だともっとはっきりしてくると思いますが、英語でも牛はオックス ox とかカウ cow というのに対して牛肉というとビーフ beef といいますね。日本語でも我々は「牛を食う」といわないで「牛肉を食う」といいますね。「牛を食う」といわないで「牛肉を食う」というのはやはり牛という言葉と牛肉という言葉の意味が違っているところがあって、牛肉というと個という生きている存在の意味が消されているんですね。牛とか鶏という時には、先にいった Ich-du（我と汝）という関係の感じがやはりあるわけですね。人間の場合にはもっともよくあらわれているといいましたが、Ich-du というようなことはそれがどんなものであっても、牛であっても鳥であっても、また石や木であっても、ものとものとの間にはどこかそういう関係がある。石を愛するとか木を愛するというような時にはやはり「我と汝」の関係があるわけですね。ところがビーフとか肉という場合にはもう「我と汝」というような関係でなくて、動物蛋白というような考え方をするわけですから、ブーバーはそういう関係を Ich-Du に対して Ich-Es（我とそれ）ということでいいます。エスというのは三人称ですね。主体として見るのでなしに客体として見ているわけです。それは人間に対してでも、本当に主体として見ないで、自分の役に立つとか利用するというような道具のように見るというのは客体として見ているわけですね。そこには他者としてあらわれる場がなくて閉じられた立場になるわけですから、無我という他者を他者として生かす場がないような自己中心的な立場ですから、他者はサブジェクトでなしにオブジェクト object になっているわけですね。主体でなしに客体になっている。まさに鳥や牛が肉になった時にはそうなってしまうわけですね。

個という側からずっと考えていくとそれは生きた人間であるとか鶏であるということになって、それは実体、サブスタンスという見方になる。逆に蛋白質というような形で見ていくと、鶏というのは蛋白質の一つの形であって、生きた鶏というのでなくて何か物質ということで見られてくる。蛋白質というようなことで見るのはファンクション、機能として見るということです。蛋白質というのをもっと分析していくといろんな元素に分けられるんでしょうから、そういう物理的、化学的な要素の複合体として見るということですね。そういう二つの見方をはっきり区別することができます。

個から出発して、これは鶏である、そしてまた鶏について肉があるという方向は我々がものを考える時いつでもそうなるんですね、肉という概念からいうと鶏でも牛でもまた人間でも限らないわけです。フレッシュ flesh ―肉という場合は別にどれということに限らないわけですから。普遍をもう一つ大きく包むような普遍ですね。

個—個—個
特殊—普遍—鶏
普遍———肉

ですから個・特殊・普遍といってもいいかと思います。特殊というのは普遍ですけれど個と直結して個に内在しているような普遍をいうわけです。鶏とか牛とかという特殊の中に肉ということを問題にすると、その普遍よりもう一つ大きな普遍ということがいえると思います。鶏の方からいくと個ということに集中してみな個に収まっている形ですが、ずっとひらいて肉というところから見ると個ということが問題にならなくなってくるということがあるということですね。

四

ですから科学という問題はある意味で人間離れのした学問の立場で、人間の感情とか欲望ということを超えたところから客観的に見て、その中からものを支配している法則を知ろうとする立場ですね。ところがそういう場合には、今いったようなものの存在を解消してしまうようなところがあるということです。そういう見方は自然科学者が自然を見る時にそういうことがすでにあらわれていると思いますが、その科学が応用されていわゆる近代技術という、機械が代表しているような技術という問題になると一番はっきりあらわれていると思います。公害というようなこともそこから起こってくると思います。公害というのは人間と環境の問題ですが、一番根本のところは、技術の立場から人間が環境の中で生きているという基本的なところを忘れているということがあると思います。人間の体というものを考えないところがあるんだと思います。なぜかというと人間の体というのは体を通して人間と環境が一つに結びついているところがあって、いうまでもなく生きていく時には空気とか水とかがなくては生きていけないわけですから、別に人間ばかりでなくて動物でも植物でもそうですね。空気というのは、私が吸ったものをまた誰かが吸って、また植物なんかが吸ったものを私が吸うというように循環しているし、水でも空と地面とまたその地上の動植物の中を循環していますから、水とか空気というのは我々の命の綱になっているわけですね。それは体というのは自然の世界の中に初めから一つになって切り離せないものなんです。体は自然界の一部なんですね。それを物理科学的な形で見られるところがあって、人間離れしたところで体を物質として研究する、生理機能というものを物質現象として研究するというのが自然科学の立場だと思いますね。医学ということでも基本的には病気ということでも特別の問題にしないところがあって、病気も自然現象の一つで、健康状態も病気の状態も一つの同じ現象として考えるところが医学ということの基礎だと思います。まあ医学と医術ということがありますけど、医術ということになるところこれは人を助ける人の苦しみを救うということで、人間的なところが根本にあるわけですね。しかし医学と医術ということは根本では切り離せないことで、科学的な研究は実は人を救うためのことであると、人間離れのしたというか病気ということにこだわらないで、体の問題を自然現象として考えるというそのことによって得られた知見が本当に病気を治すとか健康を維持するための根本の道になるという、そういう両面矛盾したようなこと、先ほどいった「我と汝」という面と「我とそれ」という純粋に客観的に見る一面とが本当は一つに結びついているというところがそこにあらわれていると思います。そこで医は仁術だという一面が出てくると思います。そこにどこか宗教ということとつながりも出てくるということですね。宗教の立場でも一面に仁術のようないわば慈悲の面と、それから如実知見《にょじつちけん》という冷静に見るという面とがありますね。仏教ではことに初めからそういう見方があって、苦ということ一つとっても、苦しんでいながら同時に苦の姿をありのままの姿として見るところがあって、ちょうど医者が病気を自然現象と見るようにありのままに見るという、そういうことがないと苦諦《くたい》という感じが出てこないという気がします。苦しみがなくてもいかんし、苦しんでその中ばかりに居て動転してもがいていてもいかんというところがありますね。浄土門の場合でもやはり知見ということが根本にあって、それが仏知見、仏の光というふうに変わってくるところがあると思いますけど、何か医学ということの根本にもそういうところがあると思います。ただ科学技術、機械技術ということになると、人間が空気がなくては生きられないとか水がなくては生きられないというようなことをどこか置き忘れて、いろいろ汚染されて困ったことが出て来るまで問題にされていなかったということがあると思います。ということは、基礎の中に水とか空気を資源としか見ないところがあって、科学の立場をそのまま技術化して、そこから機械技術ということになってきているところがある。

自然科学にもそういう問題がありますが、社会科学にもどこかそういうところがあって、公害みたいなことも考えられます。ということは生身の人間を忘れて組織の機構を機構だけとして重きを置いて考える。共産主義社会でも資本主義社会でも問題になりますのは、やはり管理機構ということです。しかし管理機構ということよりもっと大きな形で根本的に人間の存在そのものの見方の中に人間をすべて組織化しようという傾向があって、大きな機構の歯車にしようということがあるとよくいわれます。ですから自然科学、社会科学を通して何か実体的でなくて機能的に見るというところがあるということです。自然科学の場合に物質というものを考える時に物質を力とかエネルギーというものに置きかえて考えるということですね。エネルギーの運動という形で考える。エネルギーの働きというものに還元して物質を考える。そういうものを広い意味で機能化といってもいいかもしれません。ファンクションというのは数学では函数ということで、数学的にあらわそうとすると函数関係ということになるところがあるわけです。量的に計算出来るような関係に還元していくということですね。そこの主役になるのは物をエネルギーとか力とかであらわしているようなことです。

人間社会の関係になると、みな機能になっていて、会社の一つの役割という歯車になっているということですね。それが今までの場合は家に帰ってやっとくつろぐということがあるわけですが、その後現代では家までもなくなってきて、人間関係でなしに権利を主体にしたばらばらな個と個がいるということになって、親子とか夫婦の関係もそうなっているということがあります。

五

そこで身体というものを考え直してみようというのは、人間の存在と自然の世界、例えば水や空気というものがなくては生きていけないという面では、人間と自然世界とが一つになっていて、自然の世界というのは人間の存在の場ということですけど、人間の存在の場としての世界とこの世界にいる人間が一つになっている。人間の存在が自然の中にすっかり組みこまれていて、自然の世界の一部であるということになっている。水なら水が自然の世界を循環していて、その循環の中に人間が入っている。人間ばかりでなくて動物も草木もみな入っている。すべてそれによって生きているわけですね。ですからみな自然の一部だということです。世界と切り離せないわけです。しかし同時に人間の場合だと身体というのは自分自身であるという一面をもっている。このことは前回でもお話ししたわけであります。

ところで水とか空気とかいうのは無生物、無機的世界ということですが、それが我々の生命を維持しているといえます。それから人間の身体が自分自身であるといいましたが、その中間にもう一つ考えられますのは、生命、生きているということをもう少しはっきり考えるという段階があると思います。これは自然というものを考える時に、水や空気というものだけを考えるのでなしに、自然全体が生きている世界だという考えが昔からありますね。そういうことがやはり問題になると思います。どういう意味かというと、造化——これは万物が生じては滅す、生成流転ということです。ただ在るというのでなしに生成しているという、移り変わって流転しているというわけですね。だからそういう点から見ると在るものが存在しているというのは、自然の世界から成り出て来ていて、変化しながらやがて自然の世界へ帰っていくというような感じがありますね。その場合の自然というのは全体が生きているということですね。やはり宇宙全体が生成変化の世界で、あらゆるものが生成して来てまた消えていく、そういう生成流転の成立している場として世界というものが見られるということがあるんですね。人間でも何でもみな万物の存在の根本には、世界から成り出て世界へ帰っていくというような考え方があって、そこから世界全体が生きているということですね。それは人間の身体とか心というものを考えるのと同じような考え方だと思います。

仏教でいうと縁起《えんぎ》という考え方がありますが、すべてありとあらゆるものが原因結果という関係で、何かがあって何かがあらわれてくるという関係で考えられる。例えば自分があるのは親があるからで、その親はまたその親によっているというふうにしてどこまでも親があって子が生まれてくると、そしてその子が親になって子が生まれてくるというようなことですね。簡単な例ですが。原因・結果ということが存在そのものの上に支配しているということですね。だからそういう形で考えられる面と、もう一つ存在の現象の背後に、自分は親から来たんであって親から来たのでないという一面があります。存在そのものの根本は親から来たんではないというところがある。例えば「我あり」というような、「自分が」というようなところからいうと、親といえども我ありという自分をそっくりそのまま出すことはできなかった。すると神とか仏ということが問題になってくる。ですから子供は神からのさずかりものだというようなことが出て来るわけです。そういう意味からいうと親自身も親から生まれたんでなしに、その元から出ていると。自分の子供も自分が生んでも自分が生んだんでない。在るものというもののところからいうと親からということが出来る。原因から結果へということですね。しかし存在そのものの根本、有ということを問題にすると無から有へという感じが問題になってくる。生滅ということの問題には、ただ親からということではすまされないところが出て来て、何かもっと元から出ていると。世界の中心みたいなところ……ですか。だから始めもなく終わりもないような、生成ということもすべて世界を離れない。世界の中の出来事というか、世界が自分の中から変化をあらわして来ているというところがあるわけです。そういうところが、何か開いた場所としての世界が、どうしても問題になって来て、そこでの自己という。自己というのは皆そういうことで成り立っているということですね。

ですから因果の関係ということも、ただ表面的に親から子へということだけでなしに、親も子も同じ根源から出ているというような面があって、因果の関係が立体的に見られてくるところがありますね。それが自然が生きていて、絶えず新しいものがそこから出て来たというようなことですね。以前に水と波というたとえでいったと思いますが、親から生まれた自分と親から生まれない自分とが一つであるということが考えられてくる方向は何かこういうところですね。これだけでは充分出て来ませんが……。

生ということも造化の世界というところで考えられ、縁起ということもたぶんそういうところで一応は考えられると思います。

六

そこで生命ということでなしに、もう一つ「我と汝」というようにいいました「我」ということがあって、これは生成流転ということでなしに、はっきり行為という、自覚的な知を含み行為するという。その知の中には自然の認識とか自然の知すら含んでいて、その自然の法則を、縁起なら縁起的に考えられる法則を使って、そして自分の世界というものを築いていく、歴史的社会的な世界ということが考えられていくことが考えられます。それは自然界ではないんで、はっきりした人間によってつくられた世界。人間が自然の世界の中で自分の世界というものをつくってきた、だから歴史とか文化とかあるいは社会といわれる世界だと思います。そこのところで科学ということやいろんなことが問題になってくると思いますね。しかし私は、身体というものの中に自然界と一つであるということと、自然界と離れて自然界を動かす、自分が知識や技術を使って動かすそういう時の我というもの、その両面が両極として身体の中にたたみこまれているということがあって、その中間に生きているということが含まれているわけです。

そこで信ということが大事なことでないかと思うわけですが、ことに宗教の場合それを考えないとならないと思います。だから身体というもののもっている意味を充分考えなかったということがあると思います。身体といっては悪いんですけれども、いまいったような一つの物体として見るんでなしに、我ということも、身体が自分であると。自分が相手を殴るということも二つの物体がぶつかるということでなしに、俺が貴様を殴るということですから人間関係、我と汝の関係が身体を通してというか、身体を通さないと我と汝の関係があらわせないということがいろんなところであるわけです。

七

まあいろんな大事なことがあるんですが、要点だけあげておきますと、身体というのは水や土ということから結びついた面からいうと国土ということが非常に大きな意味をもってくるわけで、和辻先生が『風土』という本を書かれましたが、そういう日本なら日本の風土に生まれた日本人の存在ということですね。今は少し変わって来ているかもしれませんが、外国なんかに暫く住んでいるとみそ汁とか漬け物が食べたくなるということがありますね。これはやはり自分の身体と国土とのつながりがものをいってくるというようなことで、あんまり外国の食物ばかりでは、米やみそ汁が食べたくなる。というようなことは水や土ということと身体が切り離せない、国土と一つになっているということがあるんですね。それで自然ということがいわれてくる。

私もそういう経験があって、外国で久しぶりにみそ汁を吸った時に、こんなにうまいものかと改めて思ったんですね。ただうまいというのでなしに根本的にうまいと思ったんですね。その時は否応《いやおう》なしに日本人だということを意識したですね。それはやはり食べ物が存在の根本のところに触れて来て、ただうまいといってもどこか違うんですね。そこに国土とのつながりということが問題になるということが絶えずあると思うんです。それは食べ物のことばかりでなしに、精神文化といわれる芸術というようなことでも、その基礎をどこか踏まえているところがあると、宗教でもそういうところがあると思います。それでないと本当のところが出て来ないと思いますね。どこの国かわからないものということでなくて、どこか本当にそこの国に根ざしたものが普遍性、世界性をもつという、一見矛盾したようなことですが、そういうことがいえると思います。一方はそういうことです。他方では科学的知識ということが問題で、今のインテリというのは何となく科学的に考えたり、論理的にものを考えると、しかし一番根本の問題は頭で知った知識ということの他に、いわゆる身につくという、身ということが問題になってくる。身につくというのはいろんな概念のつながり、体系の中から単純化されて、一々これはこうだというような説明の段階をこえて単純化されたところでわかると。そのかわり非常にはっきりわかって、説明しろといわれてもなんとなくどういっていいかわからない、結局自分でわかるより仕様がないというような、そういうことが身につくということですね。身についた知識というのはいつでも生きて働くような意味をもっているのであって、宗教の知というのはそういう知であると思うんです。だから頭で覚えた知ということではない。どんな偉い仏教の知識であってもそれは仏教でいう知ではなくて普通の学問としていわれる知識ですね。本当の知見という、悟りというか、仏教の法がわかったという、そのわかったということは身につくということですね。

ところが科学的知というのは身につかんのだと思いますね。まあ、偉いニュートンとかアインシュタインという天才的な人は簡単にはいえないのでしょうが、我々学校で習うような科学的知識というのは身にはつかない。ただ身につくということが出来るのは、それは技術化された場合ですけど、その時には本当の意味での科学的知識が身につくのは身体を通してではなしに機械を通してですね。その知識が働くということが出来るのは身体を通してでなしに機械を通しての技術ということにおいてであって人間の身には通らない。コンピューターとかロボットなんかは人間の身体をどこか機械化したようなところがあるわけですが、そういうものの知識ということも身にはつかんのだと思いますね。そういうような知は従って悟りにはならない。何か馬鹿にもならないし悟りにもならない知識というようなことですね。馬鹿はまだわかるというところがあるし、本当にわかったところは学問的な知識をすてさって愚にかえるという一面を持っている。学者の知をすて去って知というものが本当に成るというようなことは、悟りであるとか、一文不知、愚者になって仏性がわかるとかいうことでいわれますね。禅宗と真宗では違ったいい方をしますけど、知といっても愚でなければならんし、愚といっても何か本当の知というようなことがあって、根本に共通したところがありますね。とにかくそういう知は科学にはあらわれえないということですね。

そこで身体ということは一面で国土ということと結びついて、一方では身につくとか、すべての知識が身につくとか、身にしみるとか身を入れるというような身といういい方はいろいろありますけれど、そういう性質をもっている。身を入れるというのは自分の全体をそこに入れるということですが、そういうことを通して宗教の世界ということが考えられると思うんですね。そして宗教の世界によって初めて……、先に自然の世界と歴史の世界ということをいったんですが、人間のいろんな働きを通してもう一ぺん自然、人間のいろんな働きも広い意味の自然の中から出て来ていると、人間が自然界に抵抗していろんな科学をつくったり機械をつくったりといっても、そういうことをする能力は人間がつくったものでなくて、自然から与えられたものである。人間が身体をもって生まれたことと共にその能力が与えられていて、その能力を人間が展開し発展させて文化というものがそこに出て来たりするわけですが、一番源のところでは与えられたものであるということがあります。人間の意志とか、我と汝というような自己というものが成立する世界の根本にもう一つ自然というものがある。主体的なものまで含めてその根本に考えられる世界というものがある。あるいは国土といえば土というものがある。そのへんのところで宗教的な国土という問題と身体ということが考えられるのでないかと思います。身体というか、身という問題ですね。浄土といわれる問題でも、穢土ということと切り離されているようでありますが、しかしどこか繋がっているんではないかということがそこで考えられますね。自然《じねん》という言葉でも人間の歴史的な働きを超えてしかもそれを包んだようなことですね。自然《じねん》の浄土というときの自然という言葉にはそういう感じがします。

　そういうことからつまり人間の歴史の世界ともう一つの自然の世界というものがどう考

えられるのかということをもう少し考えてみないといけないと思います。つまり現実の世界を歴史の世界として考えるその基礎には縁起で考えられるような世界、また物理やなんかで考えられる世界があるわけですけれど、そういうものを踏まえながら、一番はっきり問題としてあらわれているのは人間の世界ということとそれからまあ宗教の世界というようなことですね。

八

歴史の問題というのは非常に難しいことですが、しかし全然手がかりがないかというとそうでもないんで、ちょっと唐突かも知れませんが、例えば「如来に等しい」という言葉がありますね。また「弥勒《みろく》等同」というんでしょうか、そういうことも面白いと思うんですが、弥勒という仏さまは非常に歴史的な仏で、これから将来あらわれるのを待っているような仏ですけど、その弥勒に等しいということはどういうことなんだろうか。まだ仏になっていないようでまたなっているような。阿弥陀仏というと何か出来あがった仏で、すべてのものの初めという感じがしますが、まあ過去というといけないんでしょうがすべてのものの基礎になっている仏だと。ところが行く先の方というと弥勒ということがいわれて、そういうことに私は魅力〈弥勒〉を感じますが、何か弥勒に等しいというと正定《しょうじょう》聚《じゅ》ということと関係して来て、まあ穢土と浄土がクロスしているような、両方からの光が照らしあっているようなところに正定聚とか信が成り立つとすると、そこに弥勒に等しいということがあるんだと思いますね。弥勒というと何か未来を手をこまねいて待っているようなことを感じがちですけれども、そうでなくて、これからの将来ということで弥勒に等しいというんだったら、大いに働いて将来をつくるんだということがあるんではないかと思います。

弥勒信仰というのは仏教の中でも大きな歴史をもっているんだということを聞いていまして、弥勒に関するお経もいろいろあるようでありますが、親鸞聖人はもちろんそういうことを知っておられたのでしょうが、そこに弥勒と等しいといわれたのは何となく意味があるように思います。

それはともかく、もう少し歴史ということですが、先に伝統と将来ということを申しましたが、過去から将来へ、また将来が過去によって開かれてくる。将来を見ながら過去を、という両方がクロスして点としての現在ということを踏まえてくると、人間の問題だけでなしに、つまり俗諦門だけでなしに、真俗二諦といわれるような、歴史的社会的問題を含めて浄土というようなことがもう一度考えられてくるような気が致します。浄土ということも人間の存在の基礎の立場として考えられていかなくてはならんのでないかという気がします。涅槃といっても自覚的なつまり証大涅槃という、自然の浄土ということもやはり証大涅槃という、何か仏教全体の構造の中で見直して、そして現代の問題と結びつけて考えていくということが必要なんではないかと思います。そういうことを若い人たちが少々間違っても思い切ってやってみるということが大切だという気がします。

どうもまとまりがなく思いつくままにお話ししましたので、おわかりにくいこともあったかと思いますが、時間がきましたのでこれで終わらせていただきます。

良心について

人間関係を支えるもの

一

去年ここでお話ししましたが、そのときに良心が咎《とが》めるとかいうときの良心について話しましたが、その話の続きを今年も話してみたいと思います。

実は良心の問題について、詳しく考えたということではないんですが、いろいろな関連で大きな問題だという感もあり、またときどきそういうことも考えていたもんですから、いくらかずつでも考えていることをお話しできたらと思います。はじめに去年の話をあまりよく覚えていないので、ごくかいつまんで、もう一度くりかえし話したいと思います。

良心という言葉はふつうよく使う言葉でありますが、さっきいいましたように良心が咎めるというようなそういうことですね、その意味では、我々が道徳といいますか、ふつう倫理といわれていることです。倫理の問題を考えるときに、良心ということは非常に大きな問題になって浮かび上がってきます。これは現在、我々が使っている良心という言葉は、おそらく西洋の言葉の翻訳だと思います。といいますのは、西洋では今いった倫理という問題と結びついて、良心ということが非常に問題にされています。良心といいますのは、西洋の言葉でいいますと、conscience ですが、conscience という言葉を明治以後、良心という言葉に訳したと思いますが、確証はありません。良心という言葉が現在、我々の日本語の中で一般に使われている意味は、倫理的な意味で使われています。その使い方は、西洋で conscience という言葉を使うときの意味なんです。我々現代人は、そういう倫理的な言葉として考えています。西洋でもそうであります。良心という漢字で書いた場合の良心というのは、これは昔からなかったわけではありません。

　特に良心という言葉が重要な意味をもってきたのは、中国の儒教、主に唐・宋の時代にはじまった朱子学です。そういうことを詳しくいう必要はありませんが、朱子学ということから、新しい儒教の展開がはじまったわけですが、これは非常に哲学的な思想というものに発展してきているんです。新しい儒教といいますと、宋以後になってでた王陽明の陽明学をいいますが、ふつうは、朱子学、陽明学といういい方をします。これはご存知の方も多いと思いますが、王陽明の『伝習録』という有名な語録がでています。それが非常に影響をあたえたものであります。その『伝習録』にあらわれている王陽明の思想の中に、良知だとか、良能というものと一緒に、良心という言葉がよく使われています。この心という言葉が非常に重要な意味をもってきているのは、朱子学もそうですが、特に王陽明が非常に仏教の影響をうけているということです。その中でも禅の影響を特にうけていると一般にいわれています。仏教というものは、非常に出世間《しゅつせけん》的であります。出世間的というのは、世間とかけはなれているということ。世間のいろんな事柄、政治、経済、その他そういう事柄にくいこんでいかなかったというところに出世間ということがあったと思います。そこでは人間の生き方を根本的につきつめて考えるのには不十分だという感じがどこかにあったわけです。そういうことで、朱子学は仏教に対して非常に批判的なんですね、仏教というのが、いわば世間離れしたものというふうなことだと思います。朱子学、陽明学という、新しい儒教の立場がめざそうとしたことは、一面やはり、世間を超えたというか、世俗を超えたような立場をふまえながら、しかも、どこまでも世間の生活、仏教的な言葉でいえば、在家的な生活ということだと思いますが、そういう世間の生活、とくに社会、政治、倫理、今の言葉でいいますと、モラルという言葉を使いますが、モラルという問題と、経済とか、そういう問題を非常に重要視して、そこで仏教と一線を画する立場というものをうちだそうとした、そういうことだと思います。

最初は、仏教に対して相当厳しい批判をしているわけです。その批判は、現在、我々が読んでみると、本当に仏教の意味を理解しているというよりは、儒教の立場からのみされて、仏教の中に十分入りこんでいないんじゃないかと思うわけです。とにかく仏教に対して非常に批判的であったということです。陽明学もその点は同じことであります。このことを反面からいうと、仏教の影響を非常にうけていて、この時代、こういう新しい儒教の代表者たち、朱子学者といわれる人たちは、みんな禅との関係がわりあい深いわけです。そういう人たちの書いた本の中には、なんか禅くさい言葉遣いがたびたびあらわれてくることがあります。そして陽明学になると、もっとつっこんで、禅との関係が非常に深くなっていると思います。とにかく、そういうところがあって非常に批判的であるということがあります。そういうように良心というのは、いろいろな背景の中から、王陽明なんかを通していわれてきているということがあります。

二

その場合の良心というのは、今我々が西洋の言葉の翻訳語としていっているのとちがって、ただ倫理、モラルということだけでなくて、もっと広くどういったらいいでしょうか、たとえば、心、良心という心というものを考えるときに、人間の心の中のいわゆる心理学とか、あるいは、個人個人の心理ということ、心の心理学ということだけで考えるのではなく、そこは仏教なんかと共通していますが、心というものを非常に広い意味で考えると、広い意味というのは、世界全体にいきわたったような、心というものは、世界、あらゆる人間の心の中、いわゆる心の中だけの問題でなしに、事々物々ということですね。人間以外の山川草木にいたるまでつながりをもったような、結局のところ仏教でいいますと、仏というところまでつながったような、そういう非常に幅広い、大きな背景で心ということがいわれている。

たとえば、仏心というときには、やはり一人一人の心という、心理学的な意味の心ということと結びついてうけとられるだけでなしに、極端にいうと、山川草木というものの、そこに草がはえているとか、花が咲いているとか、鳥がうたっている、あるいは、山があり、川があるという、そういう世界の中で考えられているということです。もっというと仏心ということを考えるときに、一面そういうことも考えられていて、世界の万物、ありとあらゆるものを包括したようなところで、仏の心というものが考えられている。そういう一面が仏教にはあります。

そういうところから、とくに聖道門《しょうどうもん》という方では、心の問題について、そういう広い背景のもとで考えられるということがあったと思います。非常にそういうのがはっきりした例というのが、今いいました禅の立場ということです。禅が仏心宗といわれたこともあるし、未だそういうふうなことがいわれるわけです。禅の立場では仏の心というものを考えるときに、たとえば「柳は緑、花は紅」とよくいわれます。柳が緑で花が紅と、そういうことに仏心宗というときの心というものをみる。それは仏心ということであるし、同時に各自の個々の人間の心というものの一番の本心、源であります。本心といいますか、心の本源ということが禅宗なんかでいわれるわけです。

だから人間の心の源ということにさかのぼると、それは花が咲いたり柳が風に揺られたりというものの世界と人間の心の本源というのは別ではないわけです。根本的につながっている。つながっている一番根本のところに仏心というものが考えられている。そういうふうなことがあります。それは一面、思想的な意味をもっていたわけですが、同時にそういうところにかえるということ、そういう仏心にかえるという、そこに人間の本来の道というものがあるということ。その本来の道ということの上に、さっきいいましたモラルとか倫理とかいうことも成り立つということですね。

倫理といいましたのは言葉は難しいですが、「倫」というのは、ともがらといいますか、人間と人間、人間関係ということだと思います。人間と人間との間柄といってもいい。人間というものはただ一人でなしに、人間というものは、人間とやっぱり結びつきながら人間というものは考えられる。そこで人間関係というふうなものが人間にとっては非常に大事なことになるんです。そういうのが倫です。「理」というのは、そういう人間関係がどうあるべきかという。神聖という言葉を使えば、まことに神聖な人間関係であるのは、いったいどういう場合に成り立つのか。これが本当の人間関係だといわれるようなかたちなのかという、そういう人間関係の神聖なかたちということです。理というのは、そういう筋道ということだと思います。そのことは同時に人間が本当に人間であるのは、お互いにそういう関係にならなければならないと、そういう関係をもつ人間として、他の人間に対して、どういうふうに振舞うべきであるとか、どういうふうな行ないをすべきであるとかということになります。倫理という問題は、人間関係が本来どういうかたちであるかということ、個々の人間にとって、本来そうであるようなものになるべきだということですね。

人間はそういうことからいうと、動物なんかとちょっとちがって、人間の場合には、ただはじめから人間であるというんでは不十分なところがあるんですね。人間であるためには、人間らしい人間になってはじめて、人間であるということがいえるんだということがはっきりあるわけです。ですから、人間であるということが本当にいえるには、個々のものが人間になるということですね。もう一つそれでは人間になるにはどうしたらいいかと、これはやはり自分が努力しなきゃいけないということがある。倫理の立場ですから、骨をおる、骨をおるという意味は、自分が自分のうちから、自分を人間にする。人間としてつくっていく、あるいはするという。ただこうなるでなしに、自分を生成していくというか、つくってなしていくということです。それが人間にするとか、なすとかいうことですね。だから、そこが動物と違うんです。

動物の場合は、たとえば、犬なら、犬が犬であるというためには、なにか本当の犬にならなきゃならないという、そういうことはいくらかいえるんですけれども、しかし、そのことは非常にはっきり出てこないと思います。いいかえると動物や植物の場合には、モラル、倫理ということが問題にならないということです。もっと根本的にいうと、人間というのは自由をもっている。自由であるとか、知というものをもっている。いろんなことに人間と動物の違いがある。そういうことが問題に含まれているわけです。要するに、人間の場合は、人間であるということが本当にいえるためには、人間になるということが必要だと。人間になるためには、各人がほうっておいてなるということではなくて、人間が自分のうちから、自分を人間にする。人間になるというところを超えて、なすというところまでいかなくてはいけないということです。人間があるということは、そういうふうに自分を人間になすべき、人間になるべきものとしてあるんだと。あるいは、自分を人間になすべきものとしてあるんだということです。あるということは、そういう意味を含んでいるんです。これは他のものとちがった点です。

三

そういう意味からいうと、倫理ということが人間にとって、非常に本質的な問題だということがでてくるわけです。倫理というとなんとなくかたくるしいものと考えますが、倫理の根本問題は、人間が人間として存在している、人間だというそこの根本にいやおうなしに倫理という問題が含まれているということです。その場合に人間にするとか、人間になるとかということは、個人、一人一人の問題だけではないんです。自分が本当の人間になる。あるいは、自分を本当の人間にするということは、自分の力、その日その日の自分の行ない、自分のはたらきを通して自分が自分を人間につくりあげていく、つくっていくということです。そういう意味で自らを人間となすという、「なす」の意味があるんです。

これは個人個人がそうでなきゃならないということがあると思うんです。しかし、それだけでなしに、人間になすという場合には、自分がなるというだけでなしに、同時に、他の人間をも人間にするということが含まれているんです。つっこんでいうと、他の人間をそういうふうに人間にするように自分が行なう。つまり、他の人間はどうでもいいとか、他の人間が、どんなに迷惑しても、自分だけよければいいという式のよいということではないんです。他の人間を犠牲にしても、自分が人間になればいいということは、人間にするという立場からいうと、矛盾といっていいと思います。

つまり、他の人間を犠牲にして、他の人間をほったらかしにして、自分だけが本当にいい人間になると。そういうだけでは本当の人間になれないということがあるわけです。自分自身が本当に人間になろうと思ったら、他の人間もやはり、本当の人間たらしめるという、そういう態度で他の人間と関係しないと、自分自身も本当の人間になれない。他の人間をほったらかしにして、自分だけという態度をとればとるほど自分は本当の人間になれない。ですから、自分を本当の人間にするということは、裏からいうと、他のいろんな人をも、自分の関係する人々をも、本当の人間にしていくということと切り離せない。これは表裏一体をなしている。そこが人間というものの根本のあり方で、そこからはずれると、人間というものは本当の人間ということになれないと思います。

それから、個人と個人の、対人関係ですけれど、社会ということで一遍に広げてはいけないんですけれども、広い意味の社会関係、あるいは人間関係、そういうふうなものの間に、なにか切り離せない関係が一番根本のところにあるということです。倫理というのは、そこをふまえて考えられている言葉だと思います。

倫理ということを具体的にいうと、いろいろなところで、いろいろな人間関係の、いろいろなかたちというものの中で、いちいち考えられるということです。たとえば、家族ですね、我々の家族という、これは倫理の一つの大きな問題です。家族というのはいうまでもなく一方では夫婦関係というものと、親子関係という二つありまして、縦と横の関係が結びつくところで生起しているわけです。近ごろは核家族とかいって、夫婦、男と女との二人だけというふうに考えていますが、それだけで考えれば、本当の意味にはならない。一面的な家ですね。親子というものを含めないと本当の家ということにはならないという問題があると思います。夫婦の関係という中におのずから子供が生まれるということが含まれている。

近ごろは避妊ということがあって、子供が生まれるということは、どこか宙に浮いたような感じになっていますが、少なくとも家という、ファミリーといいますか、家族というものを考えるときには、結婚というか、近ごろはその場、その場の友愛結婚という一時的な関係という一種の恋愛関係みたいなことに終始する。それでは家族ということの本当の意味はでてこない。家庭というものを、友愛関係、恋愛関係みたいなものと考えてみても、そう考える当人たちはやはり両親があって、両親から子どもたちがでてきて、育てられてきているということがあるわけです。だから結局、自分たちが本当に愛し合おうと思えば、子供というものをもち、そして、子供を育てていくということがあるわけです。そういうことは、最小、ミニマムとして含まれている。

そうすると、そこはやっぱりちゃんとした固定した一つのかたちというものをもっていないといけないということがあります。そしてそこに筋道ということが非常に問題になってきます。つまり、親孝行だとか、夫婦相和するとかいうことです。やはりそこには一種のモラル、倫理という性格がどうしても入ってくる。そこにはいろいろ問題がありますが、親は子供を慈しみ、子供は親に対して一種の孝というものをもつということがありますね。そこで孝とはなにかというと、これは別問題だし、とにかく倫理のことがらが問題になってくるということがあるわけです。

たとえば、家族の問題は、実は人間という根本にふれた問題です。そういう問題が現在、非常に崩れつつあるということは、いわゆる先進国で崩れつつあるということ。これも認めなければならない事実ですが、ただそれが一種の堕落ということだけでつきるのかということも、かなり慎重に考えなければならない問題であります。というのは、今まで伝統的に倫理だといわれていること、それがすべて正しいということがいえないわけです。たとえば、家族関係一つを考えても、いろいろな問題があるわけです。親と子供の関係、姑と嫁との関係、夫と妻、夫が非常にいばっているとか、近ごろでは妻君のほうがいばっているわけですが、まあ、勢力関係はいろいろちがうでしょうが、とにかく、いつでもいろいろな問題点が含まれていて、そこにたえず新しい問題が社会の発展とともに現実の上におこってきているといえるわけです。

その時にもう一つ問題になるのは考える視点ですね。今までの倫理というのは、古いから悪い、だから、そんなものはぬきで考えようじゃないかということ、これもそう軽率に考えられない。さっきいったように、へたをすると、自分たちが矛盾に陥ってしまう。人間は倫理からはなれるのが、非常に人間性をいかす道であり、人間として自由にのびのびと、人間らしさを発揮する道だというふうに、若い人は考えやすいわけです。しかし、そういうふうに考えていくと、こんどは自分のそういう考えに裏切られてしまうという、自分が矛盾に陥るということが、非常に多いんです。若い人たちの今の考えなんかには、そういうことがたくさんあって、陰で泣いているようなこともたくさんあるんじゃないかと思います。

それはやっぱり、いままでの倫理が古くなってだめだから、もう倫理なんてことをいうことが古いというところに一足飛びにうつってしまうことですね。そうではなくして、やはり人間というものを掘り下げて考えた場合に、倫理ということはたえず、新しく問われてくるという問題としてとりあげなきゃならない。これは人間としてあるべき筋道だとして、いつでも考えて、そこから昔の倫理はどこが悪かったかと、それに対して、現在おこっている新しくみんな考えている、そういう人間関係。今の場合、たとえば、家族関係というものについて、どこに欠陥があるかということを批判的に考えて吟味していく立場ということがたえず必要です。そのためにはやはり、倫理ということですね。これは非常につっこんではっきり考えなきゃいけないことです。現実の問題を考えるためには、やはり一つの批判的な基準として、どこまでも考えていく必要があるんじゃないか。

四

とかく話がそれましたが、家族という問題は一つの大きな倫理の問題です。

家族というのは非常に重大な問題です。これは日本でもそうですが、ヨーロッパ、アメリカ、先進国では非常に大きな問題だと思うんです。多くの場合、その国の一般の人たちは、その問題について、危機意識というものはあまりない場合が多いんです。はやい話が離婚の問題です。アメリカは、いろいろな家族夫婦の中で、二、三回離婚した経験があるということです。これはもう非常に多いんです。しかし、そこで問題になるのは子供の問題です。その子供が実に複雑なんです。極端にいうと、子供のいるべき場所というものが、非常に定かでなくなってきているんじゃないかと思います。たとえば、そんなに珍しくない例ですが、たまたま、私が出会った夫婦ですが、その夫婦は父親が子供を三人つれてきて、それで母親というと、三人とも違うんです。一人は自分の最初の結婚のときにできた子供、二番目は、その次の妻との間の子供、三番目は今の奥さんがつれてきた子供――とそんなふうなことですね。たとえば三番目の子供は、母親と一緒にいるが、母親は、別居はしているが離婚はしていないと、何か聞いてどうなっているのかわからない。大人が勝手にそういうことをするのはよろしいんですが、子供の心の中に入ってみると、子供の心がいったいどうなっているのか非常に問題を感じますね。そういう子供が大きくなった場合にどうなるかということですね。そのことを問題にするのは非常に古いんだということかもしれませんが、やはり小さい時の親と子の関係というものはあまりめちゃくちゃに乱れるとなると、これは非常に大きな問題ではないかと感じるわけです。実に複雑怪奇としかいいようないですけど、社会制度として一応解決する法律を考えているということですが、しかし、社会制度の問題でなしに、人間関係のうちに入った、生きた人間と人間との関係ということからいうと、非常に問題がおこるんじゃないかと思うわけです。そういう心の問題ですね。それがわりあい軽視されている。日本でもだんだんそういうふうになってくるということがあるわけです。

要するに、倫理の問題というものは重要性を失ってきているということです。そのもう一つの根本は、アメリカ社会でいままで倫理を支えていた、つまり、社会生活の基準、秩序、筋道という社会生活というものに何かちゃんとしたかたちをあたえる力になっていたキリスト教という宗教の立場が力を失っているということです。根本はやっぱりそこにあるんだと思いますね。アメリカの場合、とくにひどいのは、それはアメリカの特殊な事情があるんだと私は考えているんですが、これはちょっと話は横にそれますが、アメリカの場合、キリスト教の中でも、非常にはっきりした厳格なピューリタン puritan といわれる立場です。ピューリタニズムというのは、キリスト教の立場をピュアー、ピュアーというのは純粋ということですから、純粋に守ると、世間的にいろんなことと妥協なしに、キリスト教の精神を純粋にいかすということです。これはイギリスで発達した、発達したというより成立した。当時のイギリス社会にゴタゴタがあって、クロムウェルとか、いろいろな人が出てきた時代に、キリスト教の純粋な立場が見出されてきた。それが非常に強い力で、政治や社会を動かすという時期があったんですね。それがだんだん現実にぶつかって、一筋縄《ひとすじなわ》だけではいかないという妥協的な、よくいえば、現実のいろいろな問題というものと結びつけて考えないといけないという方向がでてきた。

これは、仏教では真実に対して、方便として、真実というのは変わらない真理だと、それに対して、現実というのはたえず変わっていていろいろな問題がおこる。そこで変わらない真実を現実に実現しようとする時に、どうしても現実を真実一本やりで貫くという、純粋な立場だけで解決できない問題がたくさんでてくるんですね。悪くいうと、そこに妥協ということ、compromiseといいますか。しかし、よくいうと、事実面では妥協ということになっても、根本はもっと、やはり真実を現実に貫く一つの方法として、方便ということが問題になってきた。だから、真実と方便というのは、仏教の中でも難しい問題になってきたんじゃないかと思います。真実がはっきり貫かれるということが一つ根本です。したがって、方便ということも、真実の一つの現実における実現の道だという性格で、方便というのは、精神的に、つまり根本の精神において、真実のあらわれである。そこがはっきりしていれば、それは方便も真実であるという、むしろ方便というものの上に真実がよけい広く大きな力をもって実現されていくんだ、あらわれていくんだと、そんなふうなことになると思います。ところが、そういう方向から、方便のほうがだんだんかってきて、そして方便というのは真実でないという、虚妄も真実化されるという。そういう虚妄も、真実が実現されるというものが根本の方向であるということはだいたいまちがいでないと思うんです。しかし、それはそれだけに非常に大きな危険を含んでいて、それが習慣化すると、いつのまにか真実の精神が失われてかたちだけになってくる。そうすると虚妄というものが非常に本当の虚妄というのはちょっとおかしいけれども、虚妄として強くあらわれてくる。それがどうしても歴史の発展の中にあるんです。

話は横にそれてばかりいきますが、アメリカの場合には、そういうピューリタン、非常に純粋なキリスト教、それが現実にぶつかって、それを貫くことが難しくなるという段階で純粋主義者がイギリスを脱する。脱イギリスという精神だったと思います。そしてアメリカにわたった。そして、アメリカで自分たちの純粋な立場を貫く社会を新しく建設しようということです。それがアメリカの建国の根本になったということがあるんです。だからアメリカの建国時代の歴史というものは、そういう意味で非常に高いレベルで行なわれ、大きな実験の意味をもっていたんじゃないかと思います。それで初期のピューリタンの人たちというのは、いろいろな意味で非常に高いレベルの実験だったような気がします。しかし、はじめから大きな問題が含まれていて、その含まれた大きな問題がだんだんアメリカの歴史の中で表面にいろいろなかたちであらわれてきた。

要するに、現代の状態は非常に高いピューリタン的伝統がだんだん失われ、崩れて末法の世界であるということです。この末法というのは、正像末《しょうぞうまつ》に似ていて、途中の段階でありまず。それはアメリカのすこし前の小説を読めばはっきりでている。アメリカのピューリタンが栄えたニューイングランドに行った感じでもよくわかるんですが、上流階級というのはピューリタンの伝統をうけついでいます。非常にレベルが高く、だいたいアングロサクソンが多く、高い自負心をもってアメリカを支えている。特にアメリカの儀式、精神面を支えている。つまり、アメリカの財力、経済、いろいろな意味で、アメリカのバックボーンになっているのは、自分たちであると考えている。ところが現在そういう人たちの意識には、ピューリタニズムというものは生きているかもしれませんが、実際その人たち自身の中には、ピューリタニズムというか、アメリカの精神というのは肉体化していない。精神が肉になって、その人たちとなっているということがない。精神がなくなってかたちだけということです。正法のときには、証というものが、証というのはどういうことかわかりませんが、今私がいった精神と仮にいうと、たがいに精神が人間としてあらわれている、身になっている。ある人が自分を人間にする、そういうプロセスの中でたとえば、仏教の場合であると、仏法の精神というのが、本当に生きていて、そして仏法というのが人間が人間になる過程の力になってはたらいている。そういうのが人間の生成原理だとしますと、仏法の精神は、その人になってあらわれてくる。西洋的な言葉でいうと、インカーネート incarnate、精神が肉になってでてくる、生きた人間になってでてくるということです。証ということはそういうことであります。

現在のアメリカの上流階級の中には、証というのがみられないと思います。しかし、行ないというのは、形式的にそういうかたちをとっているということです。かたちだけ残している。だから像法ということです。そこで一番感じるのは非常にいばっているということです。昔から続いている伝統だけのことで、自分たちを人間にすることの力になっていない。習慣の中で、先祖から伝わってきて教えられ、生活がそうなっている。そしてその人たちは自然にそういう意識をもっている。そこで非常に自負心が強いということです。それが非常に意識的なプライドになっているところがあります。とにかく形に残っていて精神というのは残っていない。ですから、よそから来た人間には、いかにもりっぱな感じをあたえるが、行なったり、生活したりする中から、精神的な空虚さというのが強く感じられる。身なりは立派だが、精神的ないやしさが感じられる。その点、百姓さんとか労働者は、もっとあっさりしている感じです。

現在は、そこからさらに進んで、かたちも力も失っているのがアメリカの一般の状況です。そういうことが、一般の青年にはおかしく映ってみえるということがある。だから今の人たちは、そういうものをすべてぶち壊そうということがでてきている。たとえば、ヒッピーのように、かたちだけしか残っていない偽りの精神的高さというものに対する嫌悪が非常に強い。このようにアメリカのスタートは、非常にレベルが高い純粋主義であっただけに、崩れた形がヨーロッパ以上に崩れているということがある。そこから、アメリカの若い人が、仏教、チベットやインド、日本の仏教に興味を求めるということもおこっている。そういう特殊な状況です。

五

話は横にそれましたが、アメリカの家の崩壊は、離婚にあらわれていることも、ピューリタン以来の倫理というもの、家庭倫理の崩壊は、その背後にピューリタン、キリスト教の教えの崩壊ということがある。これは、アメリカの歴史の精神的なところでの没落ということで、それが一番大きな問題ではないかと思うわけです。アメリカの政治、経済も問題ですが、そこに貫かれているキリスト教、倫理の問題とか、心の問題、その人たちがこれだと信じている思想の立場、真実の立場が崩れた、それを回復するということは、非常に難しい問題です。それが解決しないとたえず大きな地震みたいなものがおこるというか、一番基盤のところから動揺してくることが、たえずあるんだということです。

家族、ファミリーの問題というのは、社会の問題として非常に大事な問題です。殊に、子ども、あるいは、大人もそうですが、離婚ということで非常に自由なようですが、男女とも非常に心の底に暗い問題をもっているのではないかと思う。とにかく、そういう人間の問題です。社会面でそうですが、もう一つの面では、宗教が支えてきた倫理というかたちで社会生活の中にはたらいていた、宗教の力の問題ということですね。広い意味で人間が信ずる、これは確かだ、これはまちがっているということ、これは人間が生きていくときの一番根本の問題ですね、そういうことにぐらつきがきている。

倫理の問題というのは、家だけのことではなしに国と国との国際関係、これも非常に複雑な問題ですね。南北問題など、そういうネイションとインターナショナルという問題は、家族よりも、もっと大規模な、核兵器というようなへたをすると人類全体の存立までかかわる大きな問題です。まあ日本で愛国というとなんとなく笑われることがありますが、実際そう単純に考えることはできないんですね。とにかく、国というものの一番積極的な意味というのは、人間が、これは昔の国家が考えられるときにいわれたことですが、特にナチスのときに、血と地、Blut und Boden とよくいわれた。それ以後はあまりいわれませんが、血のつながり、土、同じく国土という問題です。土とか血とかいうのは非常に大きな問題で、国というものがもっている悪い意味での業みたいなものに結びついているし、同時に人間の生命、生きているところにおける血のつながりの関係の重要さとか、あるいは土といわれる問題です。土ということは、物理的な土という問題だけでなしに、もっと広く一種のシンボルとして考えられるわけですから、すべてを生みだし、そして、そこに根をはり、すべてを生ぜしめ、成長せしめ支えている地盤としてあるということです。国というのも、そういう性格をもっているところがあります。もっと広くいえば、それは神の国ということであります。これはやはり神の王国という、国のシンボルとして、それを、神に拡大してということがありますね。ですがとにかく国土という、神の国ということ、それから、仏国土とか浄土がありますね。これは非常に根本的な土です。これは何を意味するかということが非常に大事な問題になってきますね。

六

良心の問題を話すつもりが、大変わき道にそれてしまいましたが、これはもちろん倫理の問題ですからなかなか進まないこともあります。私にとって、土というのが問題になるのは、衆生ということ、生きているもの、特に人間で一番問題になるわけです。衆生がただ生きているのではなしに、生きているについては生かされていることがある。生かされるかたちで生きている。簡単にいえば、そういうことです。自分が生きている一番根本は、自分の自由意志だけで存在しているというだけではない。一番根本には、どうしても他者ということが問題になる。その場合、夫婦関係、親子関係、そういうものすべて、さっきいった人間関係では自他関係ということです。自と他が切り離せないという根本の構造、自他不離的な構造が根本にあるわけです。そこではじめて人間ということが考えられる。

そういう関係の中で、特に土ということが考えられる根本は、自他不離的なかたちで成立している人間というのは、もう一つ、それぞれが生かされているという、自他の他ではなしに、自も他も包括するような意味が考えられる何かという立場が一つ考えられる。自分が生きている根源のところまでいくと、生かされているということがある。そこからいうと生かされて生きているということです。だから根本のところでは、他と自というのは切り離せない。しかし、その場合には、他というのは自分を生かしているということです。

生かされているというところから、いろんなことが考えられてくる。根本には神仏ということも考えられる。しかし、同時にそこに土ということと結びついて考えられてくるのではないか。たとえば、キリスト教では神の国ということがいわれているわけですが、神と人間との関係の中で、神と人間とが結びつく。そのときやはり、国土、国ということが入ってくる。キリスト教の場合は、土臭いことはなくなるようなところがありますが、それにしても土ということの基本的意味からすると、そこから生みだされてきて、そこに根ざして、そこのところを場にして成長するという意味です。何か個々のものが根本のところで結びついていくということです。

たとえば、草・木というのは、それだけで成り立つことができない。一番根本のところは、逆に地面の中に入って、地面と根の先が互いに一つに生きた関係にある。一番基本的なかたちというのは微妙ですが、区別があると同時に流通がある。境があって流通がある。一種の膜的な役目です。膜というのは外のものを受けいれながら、どこまでも外としきるという性質をもつ、そこのところに非常に不思議な関係があると思います。

そういう地面の中に根をおろしていて、地面と生きたつながりの位置にあるということです。そういうかたちで水分を吸い上げて、それが自分の生命力になって、そこから枝がのび花が咲く。そこの根と土の関係でいうと、生きているということは生かされているということです。それは同時に生きているという力になっている。自分がそれによって生きていくんだと。そういう二つのことが一つになっているんです。

そういうふうに、大きなすべて包むような力、植物でいえば、土ということをとおして自然の力がでてくる。人間の場合は、国土・国というかたちです。

とにかく、そういう意味で生かされているという場合に、いつも土というのが問題になるのではないか、だから、人間がつくったネイションというだけではなしに、神の国ということを考える場合にも、そこに土という性格が考えられるということがある。仏ということを考える場合でも、仏と衆生が結びつくときには、仏の国に生まれると、これは一種の比喩的なことですね。そういうことによって仏との関係が生きた関係になるということがある。そこで仏国土というのが問題になってくると思います。

そこから複雑なものがでてくる。浄土と、穢土との関係はどうだとか、場合によっては娑婆というのが、「娑婆《しゃば》即寂光土《じゃっこうど》」式の考え方もできる。するとその「即」というのはどういうことかということになる。まあいろんな考え方が可能であっても、根本は土ということで根本的に結びついているということがあります。宗教の世界まで入っても、そういうことがでてくるわけですが、もっと世間の立場で国というものを考える場合でも、土というのはやはり問題になる。血のつながりと同時に土ということが問題になる。

そこにいろんな問題がでてくる。国の問題とか、日本文化といわれるような文化とか、政治経済とか、要するに人間の具体的歴史という立場を考えれば、国ということが重要な要素をもってくる。そういうことが歴史の方向の中にあるわけです。遠い将来そういうことを脱却していかなくてはならないということがあるわけですが、今のところ難しいですね。やはり非常に、業とか、自然とかいうことも結びついている。悪い意味の業というと、戦争したり、滅ぼしあったりする。支配権力ということがでてきたりする。それらはやはり、国というものの中に根本に含まれている業というようなところがあるわけです。同じ業の中にも、よい意味もある。それは人間が生かされる場合など、両方でてくることがあります。要するに、広い意味で業というのは、人間の存在の根になっていて、生きていることの根本にある。そこでは個々の人間ではどうにもならない。そういうかたちで生かされているんだということです。業というのは単なる運命ではないわけです。生かされるということは、生きているということと結びつかないと本当は考えられない。自分が生きているということを通して、一番根本のところで生かされているんだということを離れて考えると、それは一種の運命論になってしまう。生きているということからいえば、自由とか、意志とかが大事なこととして含まれている。それから、生かされているというところからいえば、自分の自由にならない。必然といいますか、自由にならないことがある。自由と必然とが一つで、自由の非常に深い根本に必然というのがあって、その必然も単に運命ではなくて、自由というところの根にあるという意味での必然であると考えないと業という意味が考えられない。業というのはそういう意味で倫理的問題です。自由とか、意志と結びついているかぎり、善悪とからんでくる。

七

そこで、良心ということは、ふつう倫理の問題として考えられる中で、良心のもっている意味はどういうことなのかというと、良心が咎《とが》める式の、良心のはたらきというのは、個人個人の一番深いところというか、個人個人みんなが、他の人がのぞくことができないような密室みたいなところをもっている。良心が咎めるということは、一人一人の人間の中に自分だけしかわからないということがある、という意味です。人は知らないが、ひそかにその人の中で自分を咎めているということです。それは社会生活の上では知られていない。一人一人が他人との関係、社会の関係をふみぬいたところというものを、それぞれがもっている。そこは本当の個の立場である。私という、私というのは公に対して、私という立場があるということです。良心が咎めるのは、そこのところです。プライベートなところでという性格をもっているということです。

たとえば、自分の仕事について、社会的機能というのが基礎になっている社会関係では職人の場合に、大工さんであれば、家をつくる。そして、建てて金をもらう。本当の大工というのは、自分がつくった家に満足するかどうかというのは、別の問題としてある。職人からすると、社会的に、また他人からみてりっぱだということがあっても、自分としてはまだ十分でないということがあったりすると、そこでは公の立場での社会的機能ははたされていても、法律的にも公共倫理的にも問題はなくても、大工という職人の立場からすると不満足というのがある。そこで問題は、その人の良心の問題として残る。なんとなく自分は気が咎める、そういう咎めるということがあると良心的な大工というのは、自分が満足するまで家をつくる。そこまですすんでやると、これは社会の約束とか、法律の問題ではないんです。そこで満足するまで家をつくっていくとすると、気が咎めるということがなくなって、これでよいと自分で肯定できる。納得できる立場にたつ。自分が自分に達する。足が土地につくという感じがあるんです。そのことは、自分に対してyesというのと、家に対してyesといえるのと同じことです。本当のあるべき家としてなったということですから、本当の意味で家として完成されてくることがある。それが本当の誠実な、良心的な大工さんということです。ものとしてだしてくる。そこでは家と自分とは同じことです。自分が自分自身になっておちついてyesといえる。家が家自身になるということと同じことです。だから、その大工さんは、自分をみたかったら、この家をみてくれということができる。自分は家と一つだし、家は自分と一つということが成り立つのが良心ということです。

ですから、人間関係の中で良心的ということは、一番根本をふまえている。職人の場合は職ですが、そういうことは一体どういうことで成り立つのかという問題です。本当の人間関係というのは良心というところで成り立つのかという問題です。本当の人間関係というのは良心というところで成り立つんではないか、そこでは私ということがでてくる。私だけしか知らないという一番根本のところまででてくることですね。

そこで、もう一つ問題になるのは、良心というのは私だけのことで密室的かというとそうではない。良心ということについて、儒教的ないい方からすると、「天知る、地知る」といういい方をする。他の人は知らないが、天が知っている、地が知っているといういい方をする。天というのは実存的ないい方をすると宗教的次元ですね。さっき密室的なところといったわけですが、かえって天に向かって開けている。咎めるのは人間の社会的な公共性の明るみ、それは法律などいろんなものがありますが、それではなしに、自分だけの個人的、私《わたくし》的なものでありながら、それが密室的なのでありながら、実は大きな光の中に立たされているということです。光というのは、天知るということです。だから、自分が気が咎めるというのは要するに天とか地とかということがある。何か大きなものの前に立たされているということ。大きなものというのは、さっきの言葉でいうと、自分が何か生かされたものとして生きているときの、自分を包むという何ものかということです。儒教のいい方では、天・地ということ、天知る、地知るということは、密室的なところがかえって、もっと高い公《おおやけ》、高い公《おおやけ》というのは社会的な人間どうしが互いにつくった社会という狭い公ということではなく、国家とか人類というものを超えたような大きな公です。そこが天とか地とかといいあらわされている。それは、宗教的な意味での公ということです。西洋では、それを神の前でとかいいますが、そこが非常に大事な点ではないかと思います。

職人の「職」ということについて、天と人とが結びつくところに職というのを考える。それは西洋でもあるんです。有名なマックス・ウェーバーの職論のように、職というのは天からあたえられたということができる。天から与えられたというのは、自分の仕事をつきつめて、良心というところまでいったときです。人間の立場では、これで済んだといえるものの中にはまだ済まないというものがある。

たとえば、大工さんの気が咎めるのは、まだ済んでいないんだと。そのことは他人に対しても仕事が済まないということ、それは自分自身に対して済まないという、すべての意味で、日本語でいうと「すまない」です。そこで、それら全部の「こと」がまだすんでいないということ。それが一番はっきり知らされるのは良心の立場です。そこでは、自分が自分におちつけないということがあるわけです。

告白という意味は、良心が咎めるという時の、良心というのは天の声といえるようなことです。いろんなことが隠れていても、自分が知っている。他は知らないかもしれないが天が知っている。そのように、職というのは根本的なところでは、自分が生かされているというよりもむしろあたえられているということです。

八

昔のひとは、それを命ずる、人に命ずると、天下り的に命ずるというのではないですね。自分が選んだことでありながら、根本からいうと命である。命というものの中には、自分が決めたというものをこえて命ぜられるという、これは使命というときの命です。生きているということの根本にはそういうことがある。自分が自分の存在というものをつきつめていく。良心的ということで自分が本当に自分になろうとする。自分が本当におちつく。それを「安心立命」といいます。

心が本当に安んずるというときの命というのは、今いったときの命です。命というときに生かされて生きているということがあるわけです。だから本当の職というのは、使命になったと。自分の生きる道でありながら、本当の使命ということをもつということ。これは儒教的なことからくることです。天の道、人の道、そこに誠という、日本では「まこと」と呼んでいますが、中国では「ことがなる」ということ、「ことが成就する」ということです。「誠」という中には、人間が勝手に考えだしたことではなしに、人間が本当に生きようとすると、大きな方向が自覚にのぼってくる。本当に生きようとする中に自覚される。誠といってもそういうことです。天と人、天命ということを本当に実現して誠にするのは、人の道であるということ、根本はそういうことです。

そこらへんのところに何が真であるとか、誠であるとかということ、これは科学的な真理とちがって、人間の存在の一番根本のところで、誠ということです。そこから良心の問題としてでてくるんです。そして、そこの根本のところに宗教的なものの生きている意味がある。それは倫理の点でいったわけです。良心という問題はもっといろいろなところにでていると思います。

たとえば、大学の学生が内ゲバで殺し合っている。それはばかげたことだと思うわけです。そこには良心が欠如している。彼らは意識の点からいうと自分を純粋化する。自己反省の方向で、自分の立場をどこまでも純化する方向ですね。そこには戦闘的無神論というのが根本にあると思うわけです。そういうときに戦う立場をどこまでも真実にしていく、そこで不純なものは抹殺して純粋化していくことによって戦う者としての根本がはっきり確立される。戦闘的無神論を徹底するとそういう方向がでてくる。異なった形では、西洋では、宗教の中にでている。それは一種のピューリタニズムですね。これは非常に良心と似たところがあるんです。どこまでも自分というものを純粋にしていく。これが本当の戦うものだと自分の中でいえるという方向を追求していく、それは良心といった方向と共通しているということがどこかある。だから他人が批評したところで当人は気にしない根元に、もっとほかのところにあるんだという気持があるのではないか、良心とどこが違っているのだろう。それは、天知る、地知るということが欠けている。それらが入ってくる余地がない。職人の場合はそれがあるが、彼らのいう、今の社会を壊して、新しい社会の道を開くというときに、簡単にいうと、昔から宗教というものが与えてきたような、人間が生かされて生きているということがないわけです。だから、そこで良心といっても人間関係というのがでてこないところであらわされているということがあります。良心の問題というのは、宗教の問題ともつながっているわけです。行・信・証もみんな関係していることがらである。要するに信というのは、大工さんでいうと、自分と他の人間関係が信頼できるということが非常に深いかたちですね。たんに社会契約上で、約束をはたしたということではなしに、人間として信ぜられるということが成り立っている立場です。今のは、心の問題ですけれども、事柄、行ない、ということからいうと、仕事ですが、仕事が信頼できる、また、いうことも信頼できるというふうに、信というのは、昔から人間の心、体、口と区別されますが、信というのは、いうことを信じるとか、仕事を信じる、まかせるとか、心を信じるといろいろありますが、根本はやはり良心ということです。同時に、それが根本は天地を知るということ、職業が一つ道であるということ、職人道という道になってくる。良心的に仕事をするというように、その関係で自分をただしていく。さっきは、儒教だから天職といいましたが、宗教になってくる。職人の神とか、音楽の神というようにたくさんあります。そこにやっぱり信ということがある。もっと根本的になると、キリスト教や仏教のように、仏とか神とかいうところで、天職、神からの命というようなことがでてくる。そこでは信ということが問題になる。そこにやはり良心ということも含まれてくる。自分を咎める、すまないとか、そういうことと結びついている。仏教では浄土門だけでなしに聖道門でも根本にあります。仏教のことについては、明日お話します。

自分を確かめること

一

昨日は、良心ということについて、ごたごたしたまとまりのない話をしましたが、要点は、良心という問題について現代あらわれているのは、広い意味で倫理の問題としてあらわれているということが一つ。それから倫理の問題ですが、その中に単に倫理だけでは、包みこまれないような問題が同時に含まれている。特に、その中で一番重要なのは、宗教というと一応倫理と区別されるようですけれども、根本的にはどこか結びついている。宗教的なものが結びついているというようなことですね。したがって、良心というものを考える時に、狭い意味のいわゆる倫理といいますか、モラルというようなことだけで考えられるよりも、もっと幅の広いところから良心というものを考えていいんじゃないかと思うわけです。

良心ということを広い意味で考えれば、倫理と結びついているわけですが、良心ということは、あらゆる問題に含まれている、そういうことですね。非常にまとまらないかたちでいったと思います。

東洋、中国で良心という言葉がだされてきた例として、王陽明などの場合、広い地盤の上で良心ということをとらえていると思います。これは昨日の話でも、ものをつくる、つまり、職人ということですね。昔の意味では、生産者という、ものをつくるという、英語でいえばメーカー、プロデューサー、そうなるわけですが、そういう中に、その人間自身とほかの人間との関係ですね。たとえば、家をつくっても、陶器をつくっても、やはりそれはだれかが必要であって、社会の中での必需品であって、需要、買う人がある。つまり社会での相手というものを前提にしてはじめて、作るということも成り立っているところがある。そういうように社会的な他人との関わり合いという中で、ということですね。それは社会的関係といっていいし、見方をかえれば、人間関係といってもいいわけです。そういう社会関係の中に、他の人間関係と同時に自分自身の問題ということが非常に重要な要素になっている。見方によっては、それが非常に軸になっているような気持で話したと思います。

社会関係のように公・社会的というのは共同生活をしているところですから、common

という性格があるわけですね。commonというのは共通したという感じですね。共通したというのは、自分だけのことではなしに、自分と他の人との間に共通したものがあるということで、そういうものを地盤にして社会というものが成り立っている。そういうことで、社会というのは一つの共同体、コミュニティとよくいわれるわけです。それは日本語でいえば、公という感じをもっているわけですね。そういう社会と区別して、私という。「公私混同」とかいわれるように、公と私という言葉は反対概念として、しかし同時に結びついてよく使われるわけです。

私といわれる面というと、個人が個人自身ですね。他人と共通的でない、その個人自身のものです。個人だけのものという人間のあり方を教えている。人間には、個人だという、たえずそういう一面があるわけです。その個人が個人としてのあり方をもっている。そこを私といいますと、その根本には、ある意味で他のだれとも違うというところが残っているわけです。これはもちろん、いろんなところにあらわれていて、非常に重要な役割をいろいろなかたちでしています。

一つの例をあげると、仏教でも禅はそういう点が非常に大事なんですね。いろんな有名な話がありますが、昔、ある坊さんが、自分の師匠に使いに行ってこいといわれた。昔のことですから何日もかかって、ある別の寺の和尚のところまでいったという。ところがその坊さんはまじめなものだから、非常にいやがってもっと自分の修行をしたい、使いなどは困ると不平をいった。すると、その兄弟子がそんなことをいうなら自分が一緒について行ってやるといって出かけていった。その時、兄弟子がいうに行ってやって、いろんなことをおまえの代わりにしてやる。しかし、どうしても自分ができないことがある。それを四つぐらいあげた。一つに大小便、二つにねむること等をあげ、それはおまえがどうしてもやらなくてはならないことだといった話があった。

そういうことは、わりと大事なことで、どうしても他の人に代わってもらえないことは、公ということに属さないですね。そういうことは実は我々の日常生活の中にごろごろしている。極端にいえば、すべてにそういうことがあるということですけれど、結局これはどんなに旅をしても、外を歩いても、禅の修行というのは寺の生活だけが修行ではない。ねむったり、便所へいったり、すべてが根本的には同じことで、修行の場だと、そういう意味だと思います。修行の場という意味を、それがもちうるのは、やはり他の人にとって代われない、自分自身の存在という、個人個人が本当に自分のところへかえっていくという意味ですね。禅ですから悟りということでしょうけれども、悟りといっても自分が自分自身のところへかえっていくという、その線の上で初めて成立するということだと思います。どんなに経を読んでも帰するところは結局、自分が他の人に代われないという、そこの自分ということをふまえないとすべて役にたたない、本当にならないという意味だと思うわけです。それこそ、それを聞いて、今度は兄弟子なしで自分一人で使いにいったという話です。

二

そういうわけで、人にとって代われないということが本当にあるわけです。他の人間との関係、自他関係からいえば、自分が自分自身に対する関係という方向といってもいいわけです。そして、そういう二つのことが一つに結びついてみると、いわゆるふつうの意味での社会通念とか、社会の公では、そこにいろんな制度、法律があったり、権力とか体制がある。これは是非とも必要なわけですね。社会にはだれが代わっても、組織とか体制というものがなければならない。西洋的な言葉でいう、アナーキズムというのは別ですが、体制があればそこにおのずから、権力、命ずる者と命ぜられる者、上・下の関係が生じてくる。それがないと体制・組織が成り立たないということがある。まあそういういろいろな関係がでてくるわけです。

しかし、やはり人間関係の根本は、ある意味では社会関係の根本には、そういうことを超えた各人が個人であるということ、人間にはとって代われないような、共通という立場を超えたようなところで各人がめいめい自分自身に関係している。そういう立場ではじめて、それぞれの人間が自己という、自分ということになって、自分というところで本当の人間関係というのが考えられるということがあると思います。

社会関係というのは、そういう意味ではいわゆる社会的ということを超えた一面をあたえるものについて、各人が個人個人の中にかえっていく、各人が自分というものとして自己自身に関係していくという一面がたえずあって、それに支えられる。そういう人間と人間との間の関係です。さっきいったように本当に私《わたし》的な関係ということが根本にあって、それによってかえって社会的な関係というものを、つまり、制度とか体制という客観的な事柄が生かされてくるというところがある。自分自身に対する自分の関係とは、キェルケゴールの言葉ですが、それを主体性、subjectivity とよんでいるわけです。各人がそれぞれの主体性をはっきりさせる。そこに立つということによって、かえって客観的な社会制度というものも、そこで支えられる。そういうことがどこかにあると思う。

昨日いった大工の例でも、社会的には問題ないということでも、その大工さん自身の自覚ではまだ不十分だということがはっきりしている。そうするとそれを追求するということですね。これはその人が自分自身にかえる、自分自身をつくすという。そこではじめて安心ということになる。それがない場合は、たえず心の中に不安をもっている。これで気がすんだということがあるわけですね。それによって自他関係も本当の関係になる。そして同時にそこにつくったものがもの自身になるという。そういう三つの関係、ものがもの自身に関係するということと、自分が自分自身に関係するということ、自分と他の人が人間として、人間に関係する。そういう三つのことが同時に一つのこととして成り立つというところに、本当の真実という、ものが真にものであるべきところにかえると、あるいは逆の方向からみれば、自分が自分を実現するということ。一面からいうと、あるべきところへかえる、おちつくという方向です。

それと同時にはたらきというかたちからいえば、本当のものが実現されてくるという、自分が本当に自分自身を実現するというか、ものが本当にものとしてつくられてでてくるということですね。そこで自他関係がはじめて本当のかたちで実現される。

三

これはごく広い意味でいえば、たえず新しい時ということの上で、新しく実現されてくる。そういうことをおおげさにいえば、人間のあり方が歴史的だという、歴史ということの基本的かたちだと思うんです。しかし、それは同時に一歩一歩何かあるべきものにかえっていくということがある。その面からいって、いつでも基本的なところではたえず、その度その度新しく実現されながら、しかし、一方からはいつも何か基本的な変わらないものをふまえて、変わらないものへかえっていくという、そういう道もあるんですね。おちつくべきところにたえずおちつくという。別の面からいうと、たえず足踏みしている、同じところを踏んでいるというような意味があると思います。しかし、ただこれは足踏みしているわけでなしに、実はたえず歩いている。たえず新しい歩みを一歩一歩しているとたえず新しく歩きながら、同時に一番足元では足踏みしているというふうなことですね。足踏みしているという意味は、一番基本的なところからいえばということです。基本的なということは前にちょっといいましたが、自分が広い意味で生かされているとか、あらしめられてあるとかいえるようなところです。その点、一番人間の存在の原点からいうと、いつでも変わらない、足踏みしている。足踏みしているということは同時に、実は一歩一歩あるく。実現しているという点からいえば、たえず新しく歩くということです。たえず歩くという点からいえば、証、行証と結びついている。証ということですから、「不易《ふえき》流行《りゆうこう》」というように変わらない。流行というのはたえずとどまっていない。たえず変化し、ひとときも同じところに停滞していないことですね。一方からいえば変わらない、そういうことです。

こういう問題はどこにでも出てくる問題で、先へ進むことはたえずもとにかえること。

本当の意味でもとにかえるということは、先に進むことだという。つまり、たえず新しいものがつくりだされてくる根本は変わらないものをふまえてはじめてできる。変わらないところというのは、そういう意味で創造の力みたいなことです。生きた力というものが出てくる源泉というようなことがあるわけで、変わらないということは泉の源ということがあります。

よく昔から、論語なんかでも、「源泉滾滾《げんせんこんこん》」といって、滾滾というのはたえず水がこんこんと流れでてくる。その源泉滾滾という言葉の中にも似たような感じがあると思います。そういうような源泉というものを人間の存在の一番根本のところ、根本のところというのは、自分が自分一人だと、他のだれにも変わってもらえないところということですね。人間生活の一番基礎には、体を動かす場合、ものをいう場合でも、人間の身口意三業《しんくいさんごう》というような、もの全体にわたって、そのはたらきの中に人間の業というか、人間がはたらくしぐさの中にどこにでもゆきわたっている。その人のものというそれはどこにでもあるわけですね。そういう源みたいな、しかし、それがそういう力を持ちうるのは、これは自分があるのは自分としてしかないという、自分が自分にかえることですけれども、同時にそこのところで、「天知る、地知る」というような、つまり非常に大きな開けというものに通じているということですね。一面からいえば密室みたいな人間関係の中からみれば、だれにもわからないわけです。そういうことがだれにもあるわけです。昔の人は、「冷暖自知」といって、水を飲んで冷たい暖かいを知るのは、これは自知である。これは非常に大事な点だと思うんですが、まあそういうことがある。これはある意味で密室みたいなことです。

良心というようなものにそういう一面があって、良心の咎めとか、良心がそこで何かみたされるという、良心に羞じないとか、そういうことがおこるのは、個々の人間の中にある密室的なところという。しかし、それがたんにそれだけではなしに、同時に良心という意味を持ちうるのは、そこがやはり人間の世界だけの公とは違った、もっと絶対的な大きな開けといってもいいような天地という言葉でいいあらわされる。そういうものに向かって開かれているということが一緒にあるという、そんなことです。そこで、それをあらしめられてあるとか、いかされて生きているとか、そういうふうな、ある意味では二重構造のようなことですけれども、実は二重ではなしに一つということです。

そのようなことを、今仮に四つあげたわけです。一つは自分自身に対する関係、自分と物との関係、あるいはもっといえば、ものがもの自身に対する関係といってもいいようなことですね。それから自分と他人との関係、それから自分と絶対的なものとの関係、そういう四つの関係ですね。それが同時に一つに結びついて成り立っている。そこのところで良心ということが考えられるんじゃないかと、そういうようなつもりだったわけです。

そうなると単に倫理、基礎的には倫理的という人間関係というのが非常に重要な意味をもってきて、それが同時に、なにか絶対的なものに対する関係という。絶対的というのは、あらゆるものを生かしめているとか、あらしめているとか、そういう意味のものです。あらしめられているものからいえば絶対という意味をもってくるわけです。そういうものへの関係という、そういうことが同時に一つに結びついて、そこに良心というものが考えられるということがあります。

親鸞というのも、そこらへんで問題になるんで、良心といっても宗教的な意味の信とか、行証というように、いろんな問題と根本には結びついている。宗教的なことばかりではなしにもっと世俗的な世界の中でも、構造は同じようなかたちになっています。

四

この前の時間にいった良心という言葉の古い意味、近ごろ我々が良心といっているのは言葉は古く、中国からあるんです。けれど、今我々が使っているのは、西洋のconscienceの訳です。良心が咎めるという時の「良心」はそれですね。しかし、もとのconscienceの「コン」はすべていろんなものを集めて、その人の全体ということ、「シャンス」というのは、scienceということですが、もともとの意味は「知」ということですね。ですから、「コン」というのは総括的という意味、一つ一つ寄せ集めというよりも、そういうものが集まって形成されている全体ということです。全体そのものをいいあらわしている。寄せ集めるというのが本当の意味をもつのは、もともとそれが根本で結びついて、全体をなしているということがあるから、いろいろなものをかき集めることができるんです。人間が本当の意味でかき集めるという以上に、もの自身がいろいろなことがその本性から一つに結びついて成り立っているというときの全体の流れを含めて、「コン」という言葉がいわれているのだと思います。一緒にとか、共にとか、本来一緒に結びついて成り立っているということです。

たとえば、四つの関係といったものは、一つに人間はいつでも自分自身である。二つに自分と他が関係している。三つに自分とか他人とか、物とか、事物とかを全体に支えている何かがある。つまり、大きな絶対的なものへの関係が一つに結びついている。

そして知ということですが、これは知るということです。そこにやっぱり何か知るという意味があるということではないかと思います。知が成り立っている一番根本は、自分が自分を知るという、つまり、自分が自分にかえるというときに、自分が自分を知るということです。たとえば、安心する、そこで心が安まるという場合でも、これで自分がおちついたというとき、それは本当に自分が自分にかえったということです。それはある種の自分を知る、自覚を含んでいる。自分はこうなんだと自ら知る。自知でもいいんですが、そういう性格を含んでいます。やはり、個人個人が一番根本のところで、自覚的なものとして、自覚を含んだ知ということです。この場合の自覚というのは、自意識 self-consciousness のことをいっています。conscious というのは今の conscience とつながりがあって、やはり知るという意味を含んでいるんです。いわゆるなにか自分が個人的に自分のことをたえず意識するというような、非常に主観的ということですね。

それに対して今いった自覚というのは、自意識がつよいというときの自意識ではなくて、自分の存在そのもの、自分があるということと同じ意味です。自分が自分としてある。これはただ個人個人が、自分の中に入ってたえず自分だけにふれているというか、自分を意識しているということではなしに、たとえば自分を知るというと同時に、今の自覚の場合であったら、自分が本当に自分自身を知る、その知の中に、同時にはたらきが含まれているという面もあるわけです。

自分が何かつくりだすことですから、非常に行、知が同時に行なうという広い意味の昔の言葉でいう、「用」にあたる。そういう知と行とが一つという立場です。ものをつくっていく。大工さんが家なら家をつくっていく、そういうことをとおして自分が本当に自分になっていく。自分が自分を自分になしていく。そこではじめて、自分はこうであると、自分の存在というのが、そこではじめて自覚されてくるということがあるわけです。家をつくってみてはじめて自分がわかる。だから自分を知りたければ、この家をみてくれということもそこからいえるんです。自分と家とが一つだということがあるわけで、そういうときの自己、自分を知るというのは、だからはたらきにおいて自分を知る。これはたんに自意識ということとちがうわけです。

自意識はたえず、おれが、おれがと自分の中で自分を意識しているというかたちです。これは外へのはたらき、そのことすらなくて、外ではたらいている。自分がものとの関わりの中で、材木を集めたり、弟子に命令したりという、そういう外へでた場場ではたらいている。そこに存在ということがある。そういう意味での実存ということですから、外にでている。そういうところで自分の存在を理解するという道があるということです。ですから、ものの世界にでていく、同時に外の人との関係の中へでていくことですね。

だから、自己というものを考えてみるときに、ここに何かものというものがあって、あるいは、他の人があって、ここから自分が関係していく。昔の言葉でいえば主客とか、能所とか、主観・客観というような自分というものがポツンとどこかにあって、自分をとりまいていろんなものがあって、そういう立場で考えている。昔からいう分別の識ということですが、そういうのは本当に生きている姿ではないんです。

我々が実際生きて生活しているのは、そういうことではないんです。これはむしろ自意識ということにとらわれているということであって、我々が生きているということは、ものと一緒に生きている。極端にいうと、ものと一緒、共にということです。

だから他の人と一緒にということは、家があって家の中からでていくということではなしに、はじめから外へでていって、そこで「自」ということを考えるのではなしに、ここで「自」というのが考えられる。これは自と他という言葉が自他不離ということです。

五

近代的には自己というものをエゴとして、エゴ的に考えますが、本当の自己というのは、そういうかたちからではなしに、自分というものを、たとえばはたらいている人が自分というものはこうだと。茶碗なら茶碗をつくって自己の仕事をキチンとやるということは、良心的にやるという段階までいけば、それは自分ということがはっきりでてくる。そういうことがあるわけで、広い意味で仕事というのは、何かことをしている。そのことというのはその中に自分もあるし、他人もふまえているし、ものをふまえているし、もっと根本的には、もっと大きな何かというものも一緒に入りこんでいる。そういう意味のことですが、日本語のことというのは非常に曖昧な言葉です。英語では、cause は、広い意味で重大な事柄という意味があるときにcauseという語を使います。日本語の「こと」というのは国事に奔走するという国事、これは事務的に何かというのではなく、国事というときは、自分がそこに入りこんでそのことと一つになる。国という他人の、他の、自分以外の人々全体ということです。そういうようなことは、本当はどこにでもあるわけで、そういう意味のこと、英語に訳せば、おそらくcauseにあたると思うんです。

それから、ラテン語ではres、ものと訳す。これは今の国事の事にあたる言葉です。re-publicというように共和国という言葉ですが、公の事res publicaという意味です。そういうところに自己というのがあり、そういうところで知るということがあります。

これは自意識ではなくて、自覚です。そこでは自分というものを本当に知るということが問題で、ふつうの自意識では、だれでも自分、自分、と自分を意識していることですから、本当に自分を知るということは問題にはならないんですね。まかりまちがうと我が強くなってということです。ですから自意識の立場というのは、どちらかというと、自分が自分自身にとらわれている。そして、狭い牢屋の中に自分で自分をとりこめているような感じがあるわけです。しかし、それは自己という存在、自分の中にあるという根本の姿ではないわけです。

英語でいうと、I amです。I amというのは、人間の一つの主体的あり方を意味しているわけです。I am という言葉でいいあらわされているところの人間のあり方は、実はものとの関わりの、その上に成り立っている。自分の内に閉じこもったあり方ではなしに、そこにはじめから出ているような、そこで内と外という区別をこえたようなところでということです。昔からいう主観、客観を出たところでいわれる、そういうことです。自覚といってもそういうことです。本当に自分が自分になるということにおいて、それはものが本当にものになるということ。そして、ものがものになるというときに、自分とものとが一つに自覚の中に上ってくる。さっきいったように、「このものは自分である」。自分を人に示すためには、「このものをみてくれ」ということです。そういうような意味で、ものにおいて自分自身を知るということ、ものをつくるということにおいて、自分は自分自身を知るということがあるわけです。

同じように他との関係も本当にそういうことならば、人間と人間の関係ということで、互いに本当に人間が真の意味で知り合う。ただ名前を知るとか、知ったとかいう程度の友だちではなくて、真の友だちに知り合うというのは、良心というようなことにふれるということ。良心というのはいってみれば、自分自身に忠実である。真実であるということです。自分自身をごまかさないようなところがあるわけです。そういうふうな人間として、人間が本当に知る場合には、そこではじめて信頼できる。自分自身に対して真実 true である。正直 honest である。偽らない。自分がたりないということをはっきり知る。そしてそれを克服していくことによって、これでいいんだというところに達する。そこらへんが自分自身に忠実だという意味です。

それは仕事に忠実であるということと同じことで、そういうものとしてはじめて他人が信頼できるんです。つまり、人間関係というのはそういう意味での信頼といううえに成り立つんです。その信頼というのは、個々の人間が自分自身に忠実である。昨日は信ということを使ったんですが、それでもいいわけです。そこではじめて人間関係が本当に成り立つ。本当の意味で知り合う。共にという。共にというのは、本当の意味で互いに信じる。信じるという中には、その人に支えられているというか、その人がたよりになるということがあるわけです。

自他関係というのは、お互いに支え合う。支え合うというのはつまらないことで助け合うという意味ではなくて、存在と存在という根本的なところで互いにもちつもたれつする。もちつもたれつというのが本当のところでできるのは各人が絶対に独立である。他の人に依存しないというか、ふつうの意味でもたれない、甘えない。そのことは、自分自身が真実であるということは、金とか地位とかいうものでは自分が自分になりえない。そういうことがあったら、それを克服していくということです。そして、自分自身に真実である。

これは非常な独立の、インデペンダンス、独立の立場だと思うんです。本当の意味での主体性というもので、はじめて信頼できる。真実であるという人間がはじめて、他にとっても信頼できる、それがもちつもたれつということです。独立してできないものが困ってもちつもたれつ助け合う。それもいいことですが多くの場合、それは利害関係がどうかした場合、すぐこわれてしまうというようなことが社会関係として普通ですね。今の場合は根本の人間と人間との関係そのものということですから、自分が自分に本当の意味で関係して、それによって同時に自他関係というものも真実になる。つまり、友人、もともというのは、withという。他人とともにということですが、人間が集まるということです。これは本来の姿であって、もともと人間というのは根本的にそういうふうにして、人間として成り立つようになっている。そこがはっきり自覚されてくるのは、やはり、良心という、生かされ生きるといいましたが、天知る、地知るというようなことだと思います。天知るという自覚の中に他人との関係において、知ということが生じると、日本語のふつうの言葉でいえば、知り合いという、英語では、acquintanceと。acquintanceというのは、よく熟知しているという意味ですが、その人を本当によく知っているということを本当にいえるのは、根本的な自覚と切り離せないんです。自覚の一面ということでいえると思います。だから自覚というものの中には、ものとの関わり合い、他の人間との関わり合いということも一つに結びついている。そこに自分を知るということも成り立っている。それをはなれると自覚ということも自意識になり、小さい自分が自分の中だけで、おれ、おれと意識して、そこから他の人に対して反応、関係していく。多くの場合、仏教でいえば煩悩的性格、あまり、根拠のないことで喜んだり、悲しんだりして、流れては生じ、生じては消え、というかたちでくりかえされる。その中にとらわれて、一緒に流れていく。しかし、たえずおれがおれがということでという感じです。まあ、結局孤独というか、疎外的な感じですね。

しかし、本当の孤独というのは自分が真に自分自身であるというようなことで、そこであったら人と自分とがともであるということが成り立つ場である。知り合うということが本当に成り立つ。矛盾したようですが、本当の一人ということが徹底したときにはじめて、真の意味での一人と一人とがともであるということが成り立つ。そこのところが成り立つときに自覚ということがある。これはものもそこに含まれ、人もそこに含まれるということです。そこに広い天地が開けているような、自分をあらしめているような、そういうものとの関係です。その天地の開けというようなものは、実は自覚が成り立つその場面をあたえてくれているところといっていいんじゃないかと思います。他人、事物、そして、自分自身を全部含めたかたちで、自覚というのが成り立つのは、やはり、天地の大きな開けということの中でということです。開けという性格をたえずもっている。その点を仏教では「心」を使っている。その心というのは、広い意味で全体を含んだところに、心というものをおいているんだと思います。自覚というのは自分の本心、つまり、心というものを知るんだと。心というのはもちろん自分の心にはちがいないんですが、ただの意味の自分の心というのではない。狭い意味での、自分だけのことならば、それも心ですが、そうではなくて、意識、唯識《ゆいしき》の中でも末那識《まなしき》、阿頼耶識《あらやしき》といろいろとでている。そういう心です。本当の心、本心というのはやっぱり、そこではものというものがあらわれてくる場でもあるし、ものとの結びつきが成り立つ場でもあるし、他の人間との関係の成り立つ場でもある。

そして、その基礎は天地ということであらわされているような、あらゆるものをあらしめているとか、開けという感じでもでているところです。そこに開けという感じもありますし、さっき力といいましたが、そういうこともあります。いろいろなかたちでいわれています。

六

たとえば、力ということは仏教でも西洋でもよく使われますが、現代でも自然科学、社会科学、どこをとっても力という概念は、大事な問題になってきます。今、良心といいましたが、仏教で一般にいわれている心ということの意味は、一番典型的にいえば仏心としてあらわれるんですが、力といえば仏とか菩薩とかが問題になってくる。その点について、浄土教ならば、本願力という力としてでてくる。見方によっては、そういう時には力とか徳の力とかいうが、すべて根本は、ふつう我々が力、力、といっているのとは非常に違った性質で、むしろ力というものはないという、力の否定ということがある。

それが、はっきりあらわれているのは、仏教の一番基礎になっている無とか、空とかあるいは虚無という言葉ですね。そこにはふつう我々がいっている権威とか、実力とかですね、ヘルメットをかぶって実力行使するような兵力、権力、実力という力からすると、そういうものがすべてないところをいっておるんだと思うんです。実力ということからいうと、こういう言葉はないかもしれませんが、虚力という、虚というのは実の力がないということ。そういうものがすべて消えていく、消えていくばかりでなしに、タッチできないということですね。そこを指して仏教が真理といえば心としておさえています。自覚ということも、自分は本当に自分であるとか、自在とか、自知とかいうことです。仏教の真如《しんによ》という言葉を使えば、いろいろなことが全部からんでくると思います。如とか真如といっても、とにかく自覚も知るという意味ですね。自分の根本にハッと気がつくところがある。

そういう意味で自然といってもいいんです。そこのところに新しくものをつくりだしていく力ということで、力ということをいったんです。

新しくものをつくりだしていく力というのは、これは実の力ということではないと思います。あらゆる実の力を根本から否定するという一面と、否定しながら同時に、それをいかしていくような両面をもっている。そこで一番大事なことは、人間やその他のもの、力ではとどかない、ふれることができないようなということをいいあらわしているところがあると思います。そういう意味のところに虚とか、無とか、いろいろな否定語が使われる。そのことが仏教では、非常に根本になっていると思います。それは、自分を虚しくしてとか、虚心・無心にみられる。人と人とのつきあいでも虚心ということが大事ですね。虚心の立場というのは本当に自分が自分になることのできる立場。無心といってもそういう意味です。そこからはたらいてくる力というのは、実力、権力、戦力という立場の力ではないんです。もっとちがったということです。

力という言葉でもいろんな概念を含んでいます。それらとは正反対の本願力という力についても、どういうはたらきではたらくのだろうか、というときの力の意味も考えてみる必要があるんだと思います。また大慈の力とはどういうことかというように、自覚とか自分を知るとかは、自分があるというか、自分というものの存在というか、自分の有ということ、そういうことと同じことです。自分が人間としてあるということは、その中に課題を含んでいる。人間は人間になるべきものとしてあるという構造をもっているわけです。さらにいうと、人間が人間になるためには、自分のうちから自分にしていくことがなければならない。そこでは、はたらき、行ない、そして道ということが考えられたりする。道を行くというのは、ただ行くのではなしに、行といわれるもの、修行というような「修」、仏教全体からいうと、「証」というようなことと結びつくわけです。そういうふうにしていくことによってはじめて、そこに人間が人間であるというようなことが証しされていく。存在が証しされるということを、自分を実現するとか、自分が自分自身になるということをいったわけです。職人の場合でも、家が自身だと、この家をみてくれ、これが自分だと。そのことはやはり証という性格をもっている。自分自身をそこにだしていくことです。そこに自分がある。我《われ》ありという。これはもちろん自分があるわけですけれど、自分だけがポンとあるということではなしに、なにかそこにあって、職人であれば、家がそこにあるというように、そしてそれが他人との関係にあって、他人との結びつきを約束する、成就させる。そこに人間関係を成就させるという意味がある。そういうものとして、自分がここにあるという、そういうことがいえるということです。さっき自覚といったんですが、「覚」といえば覚、知るということ。しかし、これは「有る」ということと同じです。有と知というのは、そこでは同じことです。

七

要するに、conscienceという意味は、そういう意味で「総」ということと、「知」ということの意味があり、「総」の中に「コン」conということ、ドイツ語でいうge-ということがある。「コン」というのはge-ということ。この前もいいましたが、山をBergということと、山脈は、Gebirgeと、一つ一つの山でなしに山脈という全体という形でge-ということがある。「コン」というのは、そんな意味がある。wissenというのは知るということですから、全体を知るgewissen、そこが自覚という意味になる。全体の中に何が入ってくるかというと、神とか仏とか、あらしめているもの、生かしめているもの、いいかえると今いった意味で「我あり」と、我ありというときに同時に、その基礎にあらわれてくるものは何かということですね。もちろん、あらしめているものと、あるものということですから、格がちがうわけで、同列にみることはできない。へだたり、「コン」いえば、無限のへだたり、絶対のへだたりといっていいですね。しかし、それが切り離せないかたちで結びついている。それはいつでも、どこでも人間の足元、脚下のどこでも開かれている。そういう性質を同時にもっている。遠いといえば無限に遠い、近いといえば、これほど近いということはない。

　アウグスティヌスという人は、偉いキリスト教の思想家ですが、神が自分のうちに生きている、神の命を生きている、といういい方をして、自分の命の中で自分よりも自分につかえているといった。我々がだれでも一番身近なのは、自分自身だと思うわけです。おれがおれがという自意識はそういう立場ですね。しかし、もっと根本的にいえば、神は自分をつくった創造者ということですから、それは自分の存在の一番根元にある。自分をつくりだしてきた源ですから、神というのは、自分が自分に近いよりももっと自分に近いんだということです。神と人間という、創造するものと創造されたもの、見方によったら一緒にできない。絶対に遠いといえば絶対に遠い。しかし、同時に自分が自分に近いよりも近いという、それほどの近さをもっている。両方が同時にいえるということです。

　そういう意味で良心というのは、「天知る、地知る」式のことが基礎にある。自分を知るということは神に知られる、仏に知られる。神を知り、仏を知るというときの知というのは、くどいようですが、対象的になにか向こうに、ものをおいて、ものを知るということとちがうわけで、自分があるということと一つです。だから、自分をこっちにおいて、あっちの神を知るという、ふつうに考える対象的なものと考えたらわからない。自分があるということと、知ということが一つであるということです。そこで成り立つわけです。

だから本当に知ったときには、ただ漠然と自分を意識したというのではなくて、これが自分だったかというような本当に自分というものに気がつく、悟るということです。これは仏教でも聖道門とか浄土門とかそれによって、いろいろなかたちがあるわけですが、なんかの意味で気がつくということ、知るところがあったということです。そこのところに絶対ということと結びついているということがあるわけです。その知の中に一緒に入っていく。そういうときの知とは、対象的な知ではないということです。

それから世界ということも、いろいろなかたちでいわれますが、仏教的にいうと、三千世界というかたちで考えるわけです。今であれば、宇宙でもいいし、事々物々がかたちをもってあらわれている。そこで人間もかたちをもったものとしてあらわれているし、いろんな事物もあらわれている。一番代表的なのは自然の世界の山川草木、その他、家があったり、そういう世界。大きく分けて、ものの世界、人間の世界、神とか仏とかいう絶対とかいう名で呼ばれてきたもの、この三つですね。

良心というものは、自分を自分で知るということ、自知ということです。自というのは一人一人の人間が自分として知る。冷暖自知の「自」というのは、本当の意味での自己という中に、そういう意味の知ということがあるということと一つになって成り立っている。二つに分けてしまうと、対象的に自分というものがどこかにあって、それを外から対象的にみてしまう。能所というふうな分け方ができるようなかたちで対象的に知るという。そんなことであれば、自分というのは考えられない。自分というのがある、そういう「有る」ということも考えられない。自分を知るということも自分というものがはじめからあって、それを自分でないようなよそからみたような感じで自分が自分を知ると、そういう意識の考え方が漠然とある時には、本当のあるとか、知るとかいう意味はでてこない。対象的な知という立場ですから、それは昔から能所という立場でいう分別知です。

本当に自己がある。自己があるということは、同時に自覚というかたちで存在している。ここでは人間は自覚的存在である、ともいえるし、存在自覚であるともいえる。有ると知るとが、一つのことを意味している。そういう意味で、この場合の自己というのは、良心の立場では、人間の値が、他の人間、社会、世界、神、とくに自然界という、神とか仏これを仏教的にいうと、全体を包括している仏法、法といっていいんじゃないですか。ダルマの中に仏自身も、世界の事々物々もみんな統一しているという。だから知るということは法の知ということです。法の知ということと自己自身の知ということ、この場合の自己の構造は自分が中心で、そこから神も仏も知るんだという対象的に考えるのではなくて、自分はその中で虚心とかいう立場を根本に考えるといい。虚心というのは、はじめから外にでている。ものとの関わりの中にでている。世界の中にでている。人間関係の中へでている。神仏との開けの中に自分が立っている。根本的には、そういうことで考えればいいんです。ふつうの知とはちがった意味でいっていると考えられる。仏法の法とはそういうところで考えられます。

八

お釈迦さまがなくなるときに、釈尊は自分がなくなったときには、自分をたよりにしてはいかんと。「法灯明、自灯明」といっているように、法をたよりにし、法を灯にかかげて、自分自身をあかりにしろといっている。そういう導きを法ということに求める。これはさっきいったようにどこまでも自分が自分になっていくという、そういう方向をふまえているということがあります。

良心というのはそういう性格のものだと思うんです。仏教の中で良心ということが、どういうことでいいあらわされているかということをさぐっていくことは、大変重要なことだと思う。というのは、良心というのはいろんな意味で現代に問題としてある。今いった意味で良心ということを本当に考えれば、どこにでもでている。昨日もいいましたが、ゲバ学生にも問題があって、良心的にあろうとしながら、本当に良心にたてないということです。

それは西洋の歴史の中にも、いろんなところにあらわれている。思想的にみた場合、良心の問題が一番はっきりあらわれているのは、ソクラテスです。彼は「汝自身を知れ」と「自分を知れ」と、汝自身を知れというのは、まずはじめに「自分の無知を知れ」と。自分とは本当に何も知らんということを知れと。当時の知者、ソフィスト、ものしりという知識者、博識者、文化人、究極のことを知りつくしているという知者に対して、ソクラテスの立場は、そういう知者の知というのは本当のものではない。ソクラテスについては、主としてプラトンの本をとおして書かれていることですが、ソクラテスは、ソフィストのところへいって、問答をやっている。自分は何も知らないというところから出発して、そして知者にいろいろな意見を聞いて、質問していき、最後に知者は答えるすべを失ってしまうし、はじめにいったこととは矛盾した結論になったりする。いわゆる問答法です。

ですから、汝自身を知れという時には、ただ知識として知れというのではなしに、本当に自分自身を知るという意味です。今いったようなことは、自知ということが根本になっている。そこにやはり良心という意味があるんだと思うんです。ふつうの知者というのはそういう意味からいうと良心的でない。途中で自分がいいと思って満足して、そして自分がまだ足りない、無知だということを知らない。それに対してソクラテスは、自分は何も知らないが、自分は何も知らないということを知っている。そこのところが良心、本当に良心的であるという立場、ふつうの意味で、これは道徳的な良心だけではなしにそういう意味も含まれていますが、もっと広い意味で自分を知るという立場で、良心的であったということです。

ソクラテスは、有名なデルフォイの神のお告げをうけて、ソクラテスというのは一番賢い人間だと。何も知らない自分がなぜ一番賢い人間だといわれるのか。それは神のお告げである。神のお告げとはどういう意味だろうか。そこからよくよく考えてみると、自分は何も知らないが、何も知らないということを自分は知っていると。他の知者たちは、あらゆることを知っているが、自分を本当には知らないんだということを知らない。自分の無知を知らないいんだと、しかし、何も知らない自分は自分が何も知らないということを知っている。そこに一歩進んだところがある。進んだところというのは神のお告げと結びついていることです。そこらへんのところに、良心という性格が根本にあるんです。良心というのは、「汝自身を知れ」ということから出発して、そこからソクラテスが議論して願ったことは、ある事柄について何かがあること、たとえば、勇気とはどういうことか、正義とは何か、物事の正しい把握を追求していく。それも自分だけではなしに、問答の中から、何も知らないというところから出発して、お互いに議論していく。そうして知者というのは、本来自分が何も知らなかったということを気づかされるわけです。そこからソクラテスがそれじゃ一つ自分を知らないのなら、一緒になって互いに勉強しようじゃないかと、本当の知恵のスタートラインがそこでひかれるということです。そして、そのスタートラインの目的は、一緒に同心同意というか、両方ともが問答をしながら、同じ理、ロゴスにたって、ロゴスという言葉は「理」と訳す。同じ理にたって、それは同じに意見があうということですから、意見が一致し同意するという、同じ理に達するということは、同意するということだと、そこではじめて人と人との共同性が確立される。

人間と人間が本当に一緒に真に信頼できる。そこでは、ソクラテスの場合、理性に立っている立場。理性というのは、知性、理性、ロゴスが同じであるという中には、心が、人間が自分の考えにおいて一致する、同意する、同心する。そしてまた内容的にいうと同じ理が知られてくる。その理は真理なんです。そこでみんな心が集まって、道理ということが成り立つなら、そこで理というものが真理の道理としてあらわれてくる。そういう立場が理性という立場だと思います。理性という中に基礎に良心ということ、知らないものは正直に知らないという、知ったものでも結局何も知らないんだと、要は、自分を知るということです。本当の自分を追求していくという意味の良心への道というのがふまえられているのではないですか。

九

さっきからいったようにソクラテス以来、プラトン、アリストテレス、ギリシア思想という大きな思想が展開してくるわけです。そういう中でやはりソクラテスの中にもあらわれているんですが、かえるところは神、神という言葉を使っています。神ということは、人間でいえば、理性とか、道理、その一番根本は神になっている。この方向の中にプラトン、アリストテレスはそういう問題をふまえて哲学をやってきているわけです。

キリスト教のイエスという人を考えてみると、もし良心ということでいえば、そういう道がどこかであらわれているんです。たとえばイエスがはじめに伝道したことは、「神の国は近づけり、悔い改めよ」といったという。悔い改めよということは、コンバージョンconversionということですから、心の向きをかえる、それが懺悔です。懺悔の根本的な意味というのは心の向きを改めること。日本語でいうと、心を入れかえよということ。そして、それと結びついて神の国が近づいてきた。神の国ということがせまってきている。そういうさっきいった非常に歴史的、時間的ですが、絶対的な神の国ということは、人間の心の中から開けというのがあらわれてくるんです。近ごろでは、終末論的というんですけれど、終末論的な感じが、神の国が近づいてきたと、それで悔い改めよと。これはやっぱり良心という感じと非常に似ているわけです。構造的というとなんですが、本当の自分自身にかえれということです。それは今までの教団というのは非常に体制的といえばなんですが、立法的、パリサイ人とかが代表しているように、社会生活の中でことごとにこうやれと、それで生きた人間というのがどこかに埋没されている。だからイエスの中に、いろんな法則、難しい規則、安息日とかあります。人間は安息日のためにあるのではなしに、安息日は人間のためにあるんだという意識が人間というものにかえってくる。生きた人間にかえってくるという根本には、それは悔い改めよということがある。これは埋没したような生きた人間を良心の方向に向けるということです。そういう方向がでてくる根本には、神の国がせまっているということがある。神の国の到来ということが膚で感じられる場で、悔い改めよ、心の向きをかえよということがいわれているわけです。そのことがキリスト教の基礎にある。それはソクラテスとちがって、もっと非常に知ということだけではなしに、人間存在全体をふくめていっているわけです。もちろんソクラテスの場合、イエスの場合でも、人間関係、社会、国、まあソクラテスでいえば、アテネという国に新しいものをあたえようということがあるわけです。神をみるといっても、古い神に代わって新しい神ということがあるんです。

新しい宗教改革的な意味があって、宗教改革的という中には、国を改革する、今でいえば、社会改革になるかもしれません。そういう意識も同時にひそんでいるわけです。が、やはり人間自身を改革する。人間を根本から新しくするということから始められている。そこが重要な意味をもったところです。イエスの場合でもそうです。悔い改めるというのは、人間が本当に変わらなくてはいかんと。そのために新しい神が新しく見直されてというか、神の新しい開けということが、人間が新しくなるということと結びついて考えられてくる。それはソクラテスの場合でも、イエスの場合でもある。

アウグスティヌスの場合でもそうだと思います。たとえば、アウグスティヌスの confession という、告白という有名な言葉があります。confession というのは良心という立場がなければ、confession ということはできない。「告白」というのは、罪を告白するというんですが、警察につかまって白状するのとはちがう。今の場合、罪といっているのは、社会的にはだれでも咎めないという、しかし、自分の中では自分の良心が承知しないということです。しかし、同時に、人前では社会にいえないような恥ずかしいこととか、そういう事情をふまえていうべきである。一種の内部の良心の咎めということです。それを神の前で語る、それが告白ということです。もちろん現実には、告白は中世のカソリックの儀式では、坊さんがいて、坊さんのところへひそかにいって坊さんに告白する。坊さんは神の代理ですが、要するに人の前ではいえないことを神の前でいうことです。

良心というのは、自分ではこれでは本当に自分でないという一種のおちつけなさというもの、さっきは良心の咎めといいましたが、そういうことが一番基本です。さらになんとかそれをあらわさなければならない。大工さんの場合には、ほおかぶりをしないで、家をつくるという仕事の上に表現しなくてはならない。これは、材木の上に表現する。自分の体のはたらきの上で表現するということです。告白の場合は言葉をもっていうというかたちをとおして表現し、外へ出す。外へ出すというときは人前を超えた、もっと根本的なところで、神の前でいう。それは全体をつうじて良心のはたらきです。だいたい気がすまない、咎めを感じるのが良心の立場である。それをいいあらわすということです。

コンフェッションとは、「コン」とは同じ意味です。自分で自分を承認するとか、その承認というのも隠れているものを外にだすようなかたちで、デスクロウズするということです。それが自分で認めるということです。こうだとだすことが他人に対して開けることだという意味ですね。つまり、開けるということは、自分が自分の罪を認めるということだということです。他人に知らせるというところに開いてみせる。そういうことがあるわけです。コンフェッションというのはそういう意味で言葉をとおして自分というものを開いてだしていくということです。

これは、やはり良心というはたらきです。その他に他人が入ってくるし、事柄というものが告白される。他の人の前に人間関係がはいってくるが、神の前ということが根本的にある。そういう構造全体を貫いているのは良心ということです。さっきいった意味の全体的な知とか、自覚とかいう意味での良心です。アウグスティヌスがいうコンフェッションというのも、根本にはそういう性格、告白ということです。その告白ということはどこまでも自分に真実であろうとする。と同時に、それが神の前にでているという意味をもっている。神に対する真実さという、天知る地知るという式の自分を知る、そういうことが含まれている。それはキリスト教での立場です。

もう一つは、知としての良心についてデカルトがいっています。すべてを疑うということです。神を疑い、世界に何かあるということも疑う。あらゆるものが確かでない。確かさ、確実さを求める。確実性の問題です。真実ということと、そういうことと一緒に考えてみてもいいと思います。厳密にいうと、いろいろな問題がからんできますが、一応そうみていいです。要するに確かめる、自分自身の確かさを求めるということです。それは自己意識的に、よく自分を確かめたいというふうなことをいったりする。ゲバ棒をもってぶつかっていく。その人たちの気持の中には自分を確かめたい。その立場は戦闘的無神論ということになっていますが、自分を確かめるということがあると思います。良心の問題というのは、そういうことと、モチーフが似ているところがあると思います。自分を確かめることですが、しかし、根本の違いは、確かさを求める場の問題で、自我・エゴというところで中心になっている。

その動機の中には、たとえば、マルクスであれば、社会正義であるとか、国家とその権力あるいは、体制と、いろんなことが問題になってくるかもしれませんが、しかし、そういうすべてが根本的に結びついた立場から非常に違ってきている。そういうものが、バラバラになって統一されていない。自我という立場が中心になって、そこにみんな集まっている。根本のこと、「コン」とか「ge」とかいわれているときの一つのまとまった全体の立場というのがはっきりしていない。一番の根本、基調は昔から宗教でいわれてきた何か大きな立場というのがなくなっていると思うんです。そこで主体性といっても、非常に自己中心的な立場、社会正義といいながら、人を殺す、たとえば、敵・味方という闘争の立場がある。

デカルトの場合、哲学としての知の立場をもって、確かめということをやって、あらゆるものを疑って、そうして、どうしても疑いきれないとして、疑う自分自身というところへかえってきた。「我考える、故に我あり」。これはやはり、良心という立場です。ソクラテスに非常に似たところがある。すべて確かでないものとして、たよれないものとして、本当に確かなものはないんだと、あらゆるものを疑って、ついに疑いえないものは、自分が疑っているということであると。したがって、そこでは、疑っている自分というものがあるんだと、そこには、エゴ、我というものがでてくる。デカルトの場合、そこから出発して神の存在というところへいき、さらに世界というところへいく。彼の場合、自然界という世界の認識ですが、神を知り、世界を知り、そしてまた、自分自身にかえってくるという段階になっています。しかし、デカルトの場合でも、宗教という立場、生かされて生きるという立場がでていないということがある。もちろん、そういうことはキリスト教の神からいわれているので、創造ということが含まれていますが、今から考えると、そこに非常に大きな残された問題があると思います。しかし、デカルトの中にも疑って自分を知る。そして、そこに自分があるという確かさに達した。それが基礎になって、そこから神・世界・人間そういうものがみんな考えられてくる。そこらへんの構造が良心ということです。

＋

いろんな西洋の哲学では、たえず新しく出なおされる時は、ソクラテス、アウグスティヌス、デカルトのように、ソクラテスは古代哲学の源、アウグスティヌスは中世哲学の源、デカルトは近世哲学の源、哲学に新しいことがおきるときは、いつでも、自己というものにかえって、出なおすということですね。良心という方向がそこにでていると思います。マルキシズムも一方では、問題になって、そういうことも非常に重要なことだと思います。

現代の仏教の問題は、そこに根本があるんです。いろんな仏典にふれようとして、ふれきれなかったと思いますが、仏教で良心ということをいおうとすると、現代の良心の問題は何かとか、仏教徒が良心的であろうとするとはどういうことかと、考えてみなくてはならないですね。まあ、いろんな問題があると思います。しかし、非常に実践的な教団とか、仏教の現状とか、いろんなことが問題になりますが、もっと根本的には、現代非常に難しい問題、キリスト教が問題になっていると同様に難しい問題がある。キリスト教の本当の問題は、無神論ということでいいあらわされます。

マルクスは戦闘的無神論という立場ででてきている。今のゲバの論理の基礎には戦闘的無神論がある。宗教的立場というものを、はじめから拒否してでてきている。マルキシズムは、無神論という立場からでてきているということです。

もう一つは、その無神論が非常に徹底されたかたちで、ニヒリズムという、「神は死んだ」というふうなはたらきがでている。そういう問題にキリスト教がぶつかっている。キリスト教の一番今の問題は、神ということ、神ということが、どうしても新しく、もちろん、伝統的なキリスト教の神ということと、全くちがったらおかしいが、それと矛盾しないというか、つながっている。同時にそれを含みながら、しかし、今までとはちがった全く新しいだし方、新しい理解ということが要求されているということです。その要求というのは、マルキシズム、さらには、現在の科学、自然科学、社会科学を含めての無神論、そしてニヒリズムというそういうものをとおしてしか考えられないのではないか。どうしてもそういうことを一度とおさなくてはならないのではないか。

仏教についても、そういうことがでてきていると思う。たとえば、真宗の場合であると、末法ということをふまえてきているわけですから、仏法が正しいかたちではなく、衰え滅びかかっている。そういうことをふまえて成立していることは事実です。しかし、現在やはりもう一つ、仏というものをどう理解できるのかという問題が生まれている。あるいは浄土ということ。仏・浄土、これは切り離せない概念ですが、この問題もやはり、西洋でいうところの無神論的なニヒリズムということをとおして、キリスト教があると同様にあるのではないか。

『法華経』に「寿量品」というのがありますが、その中で、釈迦が死ぬということを問題にしています。一方では、仏というのは寿命無量であって、久遠であると。ずっと数えきれない無数の以前から成仏している久遠実成《くおんじつじょう》の仏だから、今死ぬということは考えられない。簡単にいえば、そういうことです。その仏がやはりなくなるという。その問題の背後には、仏であるものがなぜ死ななければならないのか、仏の死とは何かということがあったんだと思います。それは釈迦が死んだことと結びついている。仏であるのになぜ死があるのか、そんなことだと思うんです。その問題の結論として、有名な良医のたとえがでている。

あるとき、医者の名人がいた。その人が遠くへ旅行した。その医者には子供が何人かいて、その子供が医者の留守に毒をのんで非常に苦しんでのたうちまわっている。その中にも、心が確かな子供と、毒が深く入って心まで狂っている子供がいた。父親が薬を飲ませたら、前者はなおったが、後者は薬をうけつけない、そういう話がある。その話は、仏と衆生のたとえで、父と子を仏と衆生と考えるわけです。病んでいる衆生に法をあたえるんだ、しかし、その中にうけつけない者がいる、ということです。そこで良医は考えて、もう一度旅行に出るが、自分は年をとったので、そのうち死ぬかもしれない。だから、この薬を残しておくから、死んだら飲みなさいといった。そして旅先から人をつかわして、父の死を知らせさせた。すると、子どもたちは、父がいたら自分たちを救ってくれるのにもういないので、非常に孤独になり、たよるものがなくなって悲しんだ。そして、その悲しみによってだんだん気がつき、正気になり、薬を飲んでなおったという話がある。

そのたとえの教えるところは、久遠実成の仏が死ぬということはないのに、死んだのはどういうことかというと、あまり久遠実成とばかりいうと、皆が怠けて仏を尊ぶということを知らなくなる。そこで、仏も死ぬことをとおして、仏とはいかにありがたいか、遇うことがいかに難しいものであるかということを知らせて、仏を尊ぶ意欲をおこさせるために死んだんだということです。だからそれは方便である。仏が死ぬのは真実ではなくて、方便だということです。しかし、方便といっても、偽りではないということが強調されている。仏を本当に知らせるために、仏が死ぬんだという考え方があるんです。

キリスト教で今問題になっているのは、仏の死というかたちでいわれていること、つまり仏が地上から立ち去って背いて消えていくということがあるわけです。しかし、その背後に生きているのは、久遠実成の仏ということ、仏が死ぬのは方便だとなっている。根本はそういうことかもしれません。しかし、それをもう一度現在の時点で考えなおす必要がある。たとえば、仏の死とか、涅槃は何を意味するのか、現代でもう一度考えて現代のシチュエーションの中で考える必要がある。これはやはり無神論、ニヒリズムの問題とからんでいる。世界とか人間の問題についても、似たものがあるように思う。

とにかく、そういうところにも、良心、自分が真に安心したということに立ちえないということがある。たえず求めていくということが、どうしても必要なことではないか。良心ということの、現在の仏教の中での意味づけをとおして、仏とか、仏教の根本的立場を、新しくつかみなおさなければならない。もちろん伝統的なありかたとズレてはだめなんですが、キリスト教の場合も同じことです。

解説　西谷先生と「大地の会」

藤元正樹

ここに収録された西谷啓治先生の講義は、「大地の会」において語られたものである。「大地の会」は、真宗大谷派の近代教学の基礎を定められた曾我量深先生の命名に依る。その名の由る処は、如来の誓願をあらわす「猶如大地三世十方一切如来出生故」という『教行信証』「行の巻」の言葉であろう。

はじめこの会は「三十代の集まり」として呼び掛けられたものである。その頃、大谷派には、曾我先生を中心にした集まりであった「真人社」の人々が、宗門行政の中核を担うことになって、「真人社」の教学活動から遠ざかり、それに伴う「真人社」の解体と共に、新たな世代の教学活動を担うものとして三十代の人々に呼び掛けられたものであった。時代的には戦中派に当たる。その意味では、この集まりは、戦中派の課題を語るものに外ならなかった。戦中派の課題と言っても、その課題が何であるのかが分からず、暗中模索を続けるだけに過ぎなかったのである。

昭和三十七年七月二十四日から二十七日にかけて、洛東、智積院に、呼び掛けに応じて全国から参加した者によって、安田理深先生を中心にして「会」の結成が約された。翌、昭和三十八年六月、第一回の「大地の会」が、洛南、東寺の「宝菩提院」において開かれた。爾来、二十年、年一回、京都において開かれるこの会も、当初講義をいただいた曾我、金子、安田の諸先生を既に亡った。

顧みれば、この二十年は、真宗大谷派激動の時期に当たる。多く私たちは宗門の相次ぐ事件に右往左往するしかなかった。しかし、この会だけは、年一回、どんな時にも開かれて来た。それも、常に、大谷派本願寺という場所ではなかった。それは、この会の名である大地の精神を守ることでもあり、その事は、本願の教が、一宗派の教学であることを超えて、あらゆる人々の聞法の場を開くという願いを一貫して保ち続けたかったからである。その後、大谷派に捲き起こったさまざまの事件にも、直接的には「会」として関与してはいない。

だが、個々の会員として大谷派に属する者は、宗門の事件に参加しなかったのではない。むしろ、この宗門の激動の只中にあって、あるべき宗門の姿勢を見きわめ、宗門の真の課題を明らかにする道を求めつつ、この会に導かれて来たのである。

こうした会の姿勢は、必然的に、宗門の先生方の講義を聞くに留まらず、広く時代の思想に接することを求めることとなる。

西谷啓治先生のキリスト教や、仏教についての深い思索に私たちが惹かれたことも当然といってよい。昭和四十六・七・九年と三回にわたって快く講義を引きうけていただいたのである。この本に集録されたものは、この講義録であるが、この中で、先生は特に、「仏教の近代化」についての思索を、私たちの求むる心に応えるかの如く展開して下さっている。お話を聞いている時には、そうした先生の配慮を充分に受け止め得たとはいえないが、このテーマを中心に前後のご講義が展開されていることは、一読していただければ理解されることと思う。

ここでの仏教の近代化とは、仏教が新たな時代に応えうるものとして甦りうるならば、その回路はどこに見出せるかということにある。このテーマに先立って、先生は「仏教についておもうこと」を素直に示され、現代の社会習慣としての仏教のあり方が、個々の宗教的自覚と結びつかぬことを指摘された上で、そうした社会習慣を超えた宗教的要求に応える道はどこにあるかという問いを据えて、近代化を探ってゆかれる。

従って、そこでの近代化は、単なる教団の組織的変革ということに留まらない。先生は、現代という時代を、「国」とか「家」の観念の希薄化と同時に、社会観念の深刻化としてとらえられる。社会観念の中においては、真の意味での人間関係は、考え切れない。

つまり、社会科学的な人間の関係は、個人の絶対の主体性を基本的人権として把え、その個と個との結びつきは契約という形であらわれている。だから、契約としての人間関係の中では、本当の意味での人間の環境は成り立たぬのである。「国」とか「家」という共同体における人間関係が崩壊した中で、本当に、個を成立たしめるような、場としての人間関係を、現実の課題を通して、宗教的救済としての安心の問題としてとらえかえさなければならぬことを示されているのである。

それは、まさに、浄土の問題であり、大地を名告る私達自身の課題に外ならぬものであろう。どのような形で浄土が今日どこに表わされるか、先生のこのご指摘にどう応えうるかは、これからの私たちにかかっていると言わざるをえない。

本書に収録した三篇は、『大地』別冊（「大地の会」発行）に掲載された講義ノートを転載したものです。収録にあたり、表記等について、若干の補正を行ないました。各講義の日付および初出は、つぎの通りです。

「仏教についておもうこと」一九七一年十月一・二日（京都・仏光寺）『大地』別冊Ⅷ（一九七五年六月刊）所収。

「仏教の近代化について」一九七二年六月二一・二二日（京都・仏光寺）同Ⅸ（一九七六年六月刊）所収。

「良心について」一九七四年六月二〇・二一日（京都・仏光寺）同Ⅺ（一九七九年六月刊）所収。

（法蔵選書版より再録）

解説　西谷啓治における哲学と仏教

氣多雅子

西谷啓治は京都学派を代表する哲学者の一人である。一九〇〇年（明治三三）に石川県鳳至郡宇出津町《うしつまち》（現、鳳珠郡能登町）に生まれ、京都帝国大学で西田幾多郎や田邊元のもとで哲学を学んだ。京都大学文学部教授を務め、定年退官後は大谷大学教授を務めた後、一九九〇年（平成二）に九〇歳で死去した。その主著である『宗教とは何か』（創文社、一九六一年）は多くの言語に翻訳されて、世界中で読まれている。

西谷はシェリングやヘーゲルなどの西洋近代の哲学思想から研究を始めて、エックハルトを中心としたキリスト教神秘主義や禅仏教の思想へと研究を進めた。禅への関心は学生時代からのものであったらしい。佐々木徹著『西谷啓治――その思索への道標』（法藏館、一九八六年）によれば、旧制第一高等学校に在学していたときに、西田幾多郎の『思索と体験』と黄檗の隠元編纂『三籟集』という禅書に出会ったとのことである。この二冊が西谷の将来を決定したようである。

西谷が論じている思想はたいへん幅広いが、その思索の枠組みは「宗教哲学」である。宗教哲学と言うと、宗教を主題として扱う哲学の一分野を指すと思われるかもしれない。確かに宗教哲学の語をそのような意味で用いる用い方もあるが、西谷の場合、近代の啓蒙主義の時代に成立した宗教哲学を明確に意図したものである。彼は、この時代のヨーロッパ世界の問題状況を承けて成立した宗教哲学を二十世紀日本の学問的状況のなかで受け取り直していく。その受け取り直しの格闘が、博士論文となる「宗教哲学——序論」(一九四一年)に示されている。

この論文で西谷は近代の思想状況を次のように分析している。十九世紀後半から人間の世界への関係と神への関係とが分裂し、互いに排除し合い否定し合うようになり、西洋精神そのものが破綻に瀕するようになった。人間の立場は、一方で神を失ってもっぱら自然的世界ないし歴史的・社会的世界の内へ自らを開く人間、他方で世界への通路を閉じてもっぱら神へ向かう人間、という両極端に分裂したのである。伝承的宗教はおのずと現実から遊離し、神学は科学や現実生活への橋渡しをやめ、自らの内に立てこもるようになった。この分裂こそ現代の精神に含まれる危機である。この対立が真と偽との対立ではなく、一つの真ともう一つの真との対立だということが危機を深刻なものにしている。このように分析した上で、西谷はこの対立を和解させることができるのは哲学しかないと考える。

ただし、デカルトからライプニッツ、カント、ヘーゲルに至る正統的な哲学は単なる反省の立場とその形式主義にとどまり、対立克服の任務を果たすことができなかった。また、フォイエルバッハ、マルクス、ニーチェらは現実と自己に忠実であろうとして反宗教の態度を取り、キルケゴールは自己を世界から閉じて神へのみ開く主体性に立脚して本来の哲学の普遍性の立場を放棄した。このような状況のなかで、この対立を克服するという課題をあくまで引き受けようとするのが宗教哲学である、と西谷は考える。

西谷は理性の役割を改めて考察した上で、哲学の機能を「媒介」と「批判」に見てとる。哲学が対立を克服するということは哲学がその本来の普遍性、全体性の立場を全うすることであるが、それは演繹的に全体を構成するという仕方ではもはや不可能である。しかし、理性以前にそれぞれ固有の根源をもつ特殊の諸領域に対して、理性の立場である哲学はその諸領域の外から出発しながらその諸領域と自らとを内面的に関聯させることができる。これが「媒介」の働きである。そして、「批判」は諸領域の内から出発しながらそれを外から観る立場を見出していく働きである。この二つの働きによってこそ真と真との対立を和解させることができる。ただし、近代で問題になっている宗教と科学との分裂は根本的であるから、批判と媒介の機能は哲学的理性の自己批判、自己解体にまで及ぶ徹底した形をとる必要がある、と西谷は言う。

そこで改めて問われるのは、理性がいまなおこのような媒介と批判の機能をもち得るのかということである。西谷は、理性を一方では「悟性」、他方では「精神」という二つの動的な力の間の中和面というようなものだと考える。悟性は物質に関係し、精神は霊性を通じて神的なものに関係するが、近世を支配する合理主義において霊性への繋がりを失った。結局のところ、哲学は科学にも宗教にも当たりさわりのないものとなると同時に、両者の間の批判的媒介の力を失ってしまった。西谷はこのように捉えた上で、改めて、哲学が理論面と実践面の両方でその本来の機能を回復することを求める。哲学は理論的には、科学や神学のような諸々の部分的領域が自らを全体化することを批判し、それらを媒介する。実践的には、歴史のなかで形態的に固定されたものを批判的に解体し、そのものの内面から再び現れ出る「精神」を把捉して創造的なものにすることによって、部分的諸領域が歴史的に生産した内容を本質的に把握する。それは部分的諸領域を哲学自らに媒介することであり、そういう仕方でそれらを総合統一する。このようにして回復した哲学的理性はそれ以前と違って、批判の自由によって、神学や科学に対して本質的な権威をもつものとなるはずである。

しかし、この自己批判による理性の機能の回復では十分ではない。西谷によれば、宗教と科学との媒介は宗教哲学の本来の役割ではない。宗教哲学の本来の役割は宗教の根本的態度の一つとしての霊性的体験の立場を成立させることである。哲学的理性は世界と自己とをその本質存在において普遍的に統一することのできる唯一の立場であるが、そこには個人的な実存と主体性が欠落している。つまり、哲学的理性は一切の根柢的統一としては不完全な立場であり、それが自己解体して脱自することによって初めて一切のものの現実存在に帰ることができる。現実存在に帰ったものが宗教的霊性の立場である。宗教に対する哲学の本来の役割は、宗教のうちからこの霊性の体験の立場を開くための力となることである。

以上が、西谷が宗教哲学の役割として考えていることの大枠だと言ってよい。このように「序論」として哲学の役割を明らかにした上で、「本論」として霊性の体験の立場を主題的に論じたのが『宗教とは何か——宗教論集Ⅰ』(一九六一年)と『禅の立場——宗教論集Ⅱ』(一九八五年)である。

『宗教とは何か——宗教論集Ⅰ』では、緒言に「ここで試みた省察は、近代という歴史的境位の根柢に潜んでいると思われる問題を通して、人間存在の根柢を掘り返し、同時に「実在」(リアリティ)の源泉を探り直すという、そういう意図のもとで宗教を問題にしている」とあるように、人間存在の根柢の事柄としての宗教が現代世界に生きる自己自身に納得のいく仕方で追究されている。そこでは、霊性的体験の立場は「空の立場」として捉え直されるようになり、「業」や「現成」「回互」「性起」などの仏教語が伝統的な概念規定の枠から離れて自由な仕方で用いられている。実在や人間の本質と現実とを明らかにするのに、西洋哲学の術語では不十分であったと考えられる。この頃の西谷は、エッセイで「現在の私は次第に、仏教における思惟の諸範疇によってものを考えるようになっている」と述べるまでになっている。

『禅の立場――宗教論集Ⅱ』では、表題が示すように、霊性的体験の立場はさらに「禅の立場」という端的に禅仏教を指す表現で示されるようになる。しかし、哲学的な思索の立場が西谷における禅の考察の根柢になっていることに変わりはない。確かに、禅はあらゆる言葉や文字の領域を超越した境地として自らを標榜しており、哲学の立場では扱うことのできないものという仕方で現れてきている。禅の根源的立場は人間の最も深い本性から発出しているものとして、いわば哲学以前であると共に哲学以後という性格をもっている。それ故これまで禅の立場の伝承は、行として人から人へと直接になされてきた。しかし、東洋の世界と西洋の世界とが「一つの世界」へと急速に統合されている現代では、そういう伝達の仕方が通用しなくなっている。経済や政治や精神文化の交流がグローバルに進むなかで、世界に禅の立場を伝えるには哲学の立場を媒介とすることが求められている。このように西谷は主張し、自分が「哲学以前から哲学へ、さらに哲学から哲学以後へ」さらには「哲学以後から哲学を通して哲学以前へ」という道を進んでいることを告白している。

西谷の宗教哲学は禅の立場を解明しようとすることによって、いっそう深く自己自身を掘り下げるよう迫ってくる。しかし、禅が哲学的考察を拒むものであることはどこまでも残る。この難問に面して、西谷は哲学的な論究という局面に加えて、「哲学以前」、つまり、自分が禅に係るに至った個人的な事情を語るという局面を付け加えることで対応する。哲学の立場に欠けていた個人的な実存と主体性を、自分自身の経験の事実を通して摑み取ろうとしたと言える。西谷が哲学の論文以外に自らの経験や心情を語るエッセイを多く遺しているのはそういう意図であろう。

個人的な実存の事柄として注目されるのは、西谷が自分自身の内に異様な空虚があると語っている点である。それが彼に哲学の道に進ませた動機であり、ニヒリズムとして自覚されてゆく。このニヒリズムが自らの生きる歴史的状況についての思索を迫り、現代世界に固有の哲学と宗教との関係を開拓させたと言える。この点から捉えると、西谷の宗教哲学の課題はニヒリズムの超克であると言うことができる。

本書は、西谷が七十一歳から七十四歳の時期に真宗大谷派の教学者の集まりである「大地の会」で講演した記録である。現代世界において仏教がかかえる問題をやさしい言葉で丁寧にわかりやすく語られているが、その内容はきわめて深い。老熟の哲学者がその学識の高みから現実の仏教の状況を憂えたというようなものではなく、優れた仏教者が仏教思想の深い理解に基づいて仏教の立場から現代の俗世の状況を批判しているというようなものでもない。これらの講演はしっかりとした宗教哲学の土台の上で語られている。西谷の現代世界の状況についての考察は、近代と近代以前、東洋的伝統と西洋的伝統、宗教のあり方の歴史的変容などについての哲学的思索によって支えられている。西谷の仏教を見る視界には他宗教、特にキリスト教があり、仏教に何が欠けているか、何が仏教に求められているか、常に広い視野のなかで考察されている。そういう広く深い視界が本書の講演の特徴だと言ってよいであろう。

そして、そういうものであるからこそ、本書の講演が五十年以上前になされたものであることが意味をもってくる。五十年前にそれほど大きな問題ではなかった地球環境の破壊、バイオテクノロジーの進展、人工知能の急激な進歩などが、いま人類全体の差し迫った問題となっている。そういうなかで、教団の状況はいっそう厳しいものとなっており、仏教思想と現代世界とのずれはいっそう大きくなっている。西谷が遺した提言を私たちは十分に生かしたのであろうか、改めて考えてみたい。

（京都大学名誉教授）

西谷啓治（にしたに　けいじ）
1900年，石川県に生まれ。京都大学哲学科卒業。
京都大学名誉教授。日本学士院会員。1990年，逝去。
著書に『現代社会の諸問題と宗教』（法藏館，1951年），『宗教とは何か　宗教論集』（創文社，1961年），『西谷啓治著作集』（全26巻，創文社，1986～95年）などがある。

仏教《ぶっきょう》について

二〇二四年一〇月一五日　初版第一刷発行

著　者　西谷啓治
発行者　西村明高
発行所　株式会社法藏館
京都市下京区正面通烏丸東入
郵便番号　六〇〇-八一五三
電話　〇七五-三四三-〇〇三〇（編集）
〇七五-三四三-五六五六（営業）

装幀者　熊谷博人
印刷・製本　中村印刷株式会社

ISBN 978-4-8318-2680-0　C0115

法蔵館文庫既刊より

価格税別

た-4-1
聖武天皇
「天平の皇帝」とその時代
瀧浪貞子著
高い政治力を発揮し、数々の事業を推進した聖武天皇。「天平の皇帝」たらんとしたその生涯と治世を鮮やかに描写。ひ弱、優柔不断といった旧来の聖武天皇像に見直しを迫る。
1300円

し-1-2
精神世界のゆくえ
宗教からスピリチュアリティへ
島薗進著
なぜ現代人は「スピリチュアリティ」を求めるのか。宗教や科学に代わる新しい思想を網羅的に分析し、「スピリチュアリティ」の興隆を現代精神史上に位置づけた宗教学の好著。
1500円

よ-2-1
日本人の身体観の歴史
養老孟司著
日本の中世、近世、そして現代哲学の心身論から西欧の身体観まで論じる。固定観念を揺さぶり、常識をくつがえし、人と世界の見方を一変させる、養老「ヒト学」の集大成。
1300円

ぎ-1-1
現代語訳
南海寄帰内法伝
七世紀インド仏教僧伽の日常生活
義浄撰
宮林昭彦
加藤栄司訳
唐の僧・義浄がインドでの10年間にわたる留学生活で見た7世紀の僧侶の衣・食・住の実際とは。戒律の実際を知る第一級資料の現代語訳。原書は、鈴木学術財団特別賞受賞。
2500円

と-1-1
文物に現れた北朝隋唐の仏教
礪波護著
隋唐時代、政治・社会は仏教に対していかに関わり、仏教はどのように変容したのか。文物を含む多彩な史料を用いスリリングに展開される諸論は隋唐時代のイメージを刷新する。
1200円

こ-1-1

神々の精神史　小松和彦著

カミを語ることは日本人の精神の歴史を語ること。竈神や座敷ワラシ。酒呑童子、ものくさ太郎に、山中の隠れ里伝承など、日本文化の深層に迫った妖怪学第一人者の処女論文集。

1400円

み-1-1

江戸のはやり神　宮田登著

お稲荷さん、七福神、エエジャナイカ——民衆の関心で爆発的に流行し、不要になれば棄てられた神仏。多様な事例から特徴を解明し、背景にある日本人の心理や宗教意識に迫る。

1200円

さ-5-1

信仰か、マインド・コントロールか
カルト論の構図　櫻井義秀著

社会はカルトやマインド・コントロールの問題にどう対処すべきか。九〇年代以降のメディアや裁判記録などの分析を通じて、これらの問題を考えるための基礎的理論を提示する。

1100円

う-1-1

日蓮の女性観　植木雅俊著

仏教は女性蔑視の宗教なのか？　仏教史における男性観、女性観の変遷、『法華経』における提婆達多と龍女の即身成仏を通して検証し、また男性原理と女性原理について考える。

1300円

お-1-1

寺檀の思想　大桑斉著

近世に生まれた寺檀の関係を近代以降にまで存続せしめたものとは何か？　家を基本構造とする幕藩制下の仏教思想を明らかにし、近世社会の本質をも解明する。解説＝松金直美

1200円

や-3-1

藤原道長　山中裕著

道長の生涯を史料から叙述すると共に、人間関係を詳しく説き起こして人物像を浮かびあがらせる。既存の図式的な権力者のイメージをしりぞけ史実の姿に迫る。解説＝大津透

1200円

た-5-1

安倍晴明の一千年

「晴明現象」を読む

田中貴子著

スーパー陰陽師・安倍晴明はいかにして誕生したのか。平安時代に生きた晴明が、時代と世相にあわせて変貌し続ける「晴明現象」を追い、晴明に託された人々の思いを探る好著。

1200円

ふ-1-1

江戸時代の官僚制

藤井讓治著

一次史料にもとづく堅実な分析と考察から、幕藩官僚＝「職」の創出過程とその実態・特質を解明。幕藩官僚制の内実を、明瞭かつコンパクトに論じた日本近世史の快著。

1100円

た-6-1

宗教民俗学

高取正男著

民俗学の見地から日本宗教史へとアプローチし、日本的信仰の淵源をたずねる。高取正男の真骨頂ともいうべき民間信仰史に関する論考12篇を精選。解説＝柴田實／村上紀夫

1400円

み-2-1

天狗と修験者

山岳信仰とその周辺

宮本袈裟雄著

修験道の通史にはじまり、天狗や怪異伝承、修験者の特性と実態、恐山信仰などを考察。入手困難な記録や多様な事例から修験者の固有信仰を幅広く論じる。解説＝鈴木正崇

1200円

た-7-1

法然とその時代

田村圓澄著

法然はいかにして専修念仏へ帰入するに至ったのか。否定を媒介とする法然の廻心を基軸に、歴史研究の成果を「人間」理解一般にまで昇華させた意欲的労作。解説＝坪井剛

1200円

み-3-1

風水講義

三浦國雄著

龍穴を探し当て、その上に墓、家、村、都市を営むと都市や村落は繁栄し、墓主の子孫、家の住人に幸運が訪れる――。原典を通して「風水」の思想と原理を解明する案内書。

1200円

さ-6-1

祭儀と注釈
中世における古代神話

桜井好朗著

神話はいかに変容したのか。注釈が中世神話を創出し、王権－国家の起源を新たに形成。中世芸能世界の成立をも読解した、記念碑的一冊。解説＝星優也

1400円

た-6-2

民俗の日本史

高取正男著

文明化による恩恵とともに、それによって生じた土着側の危機をも捉えることで、文化史学の抜本的な見直しを志した野心的論考12本を収録。解説＝谷川健一・林淳

1400円

ま-1-1

中世の都市と非人
武家の都鎌倉・寺社の都奈良

松尾剛次著

非人はなぜ都市に集まったのか。独自の論理で彼らを救済した仏教教団とは。中世都市の代表・鎌倉と奈良、中世都市民の代表・非人を素材に、都市に見る中世を読み解く。

1200円

た-8-1

維新期天皇祭祀の研究

武田秀章著

幕末維新期における天皇親祭祭祀の展開過程を文久山陵修補事業に端を発する山陵・皇霊祭祀の形成と展開に着目しつつ検討、天皇を基軸とした近代日本国家形成の特質をも探る。

1600円

あ-2-1

方丈記を読む
孤の宇宙へ

荒木浩著

無常を語り、災害文学の嚆矢として著名な『方丈記』。第一人者による校訂本文、大意、原文、解説を含んだエッセイで構成。不安な時代にこそ読みたい、日本古典屈指の名随筆。

1200円

う-2-1

〈小さき社〉の列島史

牛山佳幸著

「村の鎮守」はいかに成立し、変遷を辿ったのか。各地の同名神社群「印鑰社」「ソウドウ社」「女体社」「ウナネ社」に着目し、現地調査・文献を鍵に考察を試みる意欲作。

1300円

わ-1-1

増補 天空の玉座

中国古代帝国の朝政と儀礼

渡辺信一郎著

国家の最高意志決定はどのような手続きをへてなされたのか。朝政と会議の分析を通じて権力中枢の構造的特質を明らかにし、中国古代における皇帝専制と帝国支配の実態に迫る。

1200円

い-3-1

日本の神社と「神道」

井上寛司著

日本固有の宗教および宗教施設とされる神社と、神社祭祀・神祇信仰の問題を「神道」との関わりに視点を据えて、古代から現代までをトータルなかたちで再検討する画期的論考。

1500円

お-2-1

来迎芸術

大串純夫著

阿弥陀来迎図や六道図等の美と信仰のあり方を、浄土教美術に影響を与えた『往生要集』の思想や迎講・仏名会等の宗教行事から考証。解説＝須藤弘敏

1200円

に-1-1

仏教文化の原郷

インドからガンダーラまで

西川幸治著

伽藍、仏塔、仏像、都市、東西文化交流……近代以降、埋もれた聖跡を求めて数多行われた学術探検隊による調査の歴史をたどりつつ、仏教聖地の往事の繁栄の姿をたずねる。

1400円

と-1-2

馮道

乱世の宰相

礪波護著

五代十国時代において、五王朝、十一人の皇帝に仕え、二十年余りも宰相をつとめた希代の政治家・馮道。乱世においてベストを尽くしたその生の軌跡を鮮やかに描きあげる。

1200円

お-3-1

忘れられた仏教天文学

一九世紀の日本における仏教世界像

岡田正彦著

江戸後期から明治初、仏教僧普門円通によって体系化された仏教天文学「梵暦」。西洋天文学の手法を用い、須弥界という円盤状の世界像の実在を実証しようとした思想活動に迫る。

1300円